खुशहाल फैमिली
के
फंडे

खुशहाल फैमिली के फंडे

एन. रघुरामन

प्रकाशक • **प्रभात प्रकाशन प्रा. लि.**
4/19 आसफ अली रोड,
नई दिल्ली–110002

संस्करण • 2025
पेपरबैक मूल्य • तीन सौ पचास रुपए
मुद्रक • भानु प्रिंटर्स, दिल्ली

KHUSHHAAL FAMILY KE FUNDE
by Shri N. Raghuraman Rs. 350.00 (PB)
Published by PRABHAT PRAKASHANPVT. LTD.
4/19 Asaf Ali Road, New Delhi-2
e-mail: prabhatbooks@gmail.com ISBN 978-93-5048-516-3

दो शब्द

प्रसिद्ध ब्रिटिश दार्शनिक लॉरेंस स्टेम ने 17वीं सदी में कहा था, ''ज्ञान की भूख समृद्धि की भूख की तरह होती है। जितनी मिलती है, भूख उतनी ही बढ़ती जाती है।'' लॉरेंस स्टोम की यह छोटी बात बड़ा इशारा करती है। आज का युग ज्ञान का युग है। चहुँओर फैले ज्ञान के इस असीम सागर से कुछ मोती चुनकर लाना आसान नहीं होता। वक्त की आपाधापी में हम अपने बीच ही घटनेवाली कुछ बातों को अनदेखा कर जाते हैं। कुछ ऐसे भी लोग हैं जो इन्हीं बातों का मतलब गहराई से समझते हैं और दूसरों को वही अर्थ सरल भाषा में समझाते हैं। ऐसे ही मानकों पर खरा उतरता है एन. रघुरामन का मैनेजमेंट फंडा। भारी और लच्छेदार वाक्यों का इस्तेमाल किए बगैर, जीवन की हकीकत और जीवन प्रबंधन की कला आम पाठकों तक पहुँचाने का सहज माध्यम साबित हुआ है, दैनिक भास्कर और दिव्य मराठी और दिव्य भास्कर का नियमित स्तंभ, 'मैनेजमेंट फंडा'।

वर्ष 2003 में विविध क्षेत्रों से जुड़ी जानकारी सहज-सरल भाषा में आम पाठकों तक पहुँचाने के लिए मैनेजमेंट फंडा की शुरुआत हुई। धीरे-धीरे यह स्तंभ लोकप्रियता के नित नए सोपान चढ़ता गया। यहाँ तक कि साल के 365 दिन पाठकों को इसका इंतजार रहने लगा। आज यह स्तंभ गागर में सागर की तर्ज पर ज्ञान समेटे हुए है। इसकी मदद से जीवन के विभिन्न क्षेत्रों और स्थितियों को देखने का नजरिया विकसित होता है। जीवन

का कोई क्षेत्र शायद ही रघुरामन की नजर से बचा हो। यह पुस्तक उनके आठ वर्षों में प्रकाशित स्तंभों का चुनिंदा संग्रह है। उम्मीद है कि पुस्तक विभिन्न आयु के पाठकों में मूल स्तंभ की तरह ही लोकप्रिय होगी और उन्हें विभिन्न स्थितियों में आगे बढ़ने की राह दिखाएगी।

—रमेश चंद्र अग्रवाल

अध्यक्ष

भास्कर समूह

आभार

मेरे द्वारा लिखित स्तंभों का इस पुस्तक के रूप में आना कई शुभचिंतकों के सहयोग से ही संभव हो सका है। सबसे पहले मैं दैनिक भास्कर समूह के प्रबंध निदेशक, श्री सुधीर अग्रवाल का आभार व्यक्त करना चाहूँगा, जिन्होंने मुझमें विश्वास व्यक्त किया कि मैं साल के 365 दिन और सालो-साल किसी एक विषय पर लगातार लिख सकता हूँ। उनकी प्रतिबद्धता और मुझमें विश्वास ने मुझे अभिव्यक्ति के लिए मंच प्रदान किया। मैं विज्ञापन प्राप्त करने के दबाव से मुक्त होकर निरंतर लेखन कर पा रहा हूँ और इससे मुझे करोड़ों पाठकों का असीम प्रेम मिल रहा है।

अपनी पत्नी प्रेमा और बेटी निशेविता, जिसके क्रमिक विकास से मुझे मैनेजमेंट के नए सिद्धांत और सूत्र मिले, की धैर्यपूर्ण भागीदारी के प्रति भी मैं आभार प्रकट करना चाहूँगा। दैनिक भास्कर समूह के वरिष्ठजनों और सहयोगियों की चिंतनशील सोच और सहयोग के बिना मेरे लेखन को सार्थकता नहीं मिलती; इन सबका मैं कृतज्ञ हूँ—सर्वश्री रमेश चंद्र अग्रवाल, सुधीर अग्रवाल, गिरीश अग्रवाल, पवन अग्रवाल।

अनुक्रमणिका

किसी पूर्णकालिक पेशे से कम नहीं माँ होना

एक महिला अपने ड्राइविंग लाइसेंस के नवीनीकरण के लिए स्थानीय परिवहन कार्यालय पहुँची। वहाँ क्लर्क ने उसके व्यवसाय के बारे में पूछा, तो वह हिचकिचाई। उसे असमंजस में देख क्लर्क बोला, 'क्या आप कोई जॉब करती हैं या सिर्फ एक¨ ?'

'जी बिलकुल, मैं जॉब करती हूँ,' वह युवती उसकी बात काटते हुए बोली, 'मैं एक माँ हूँ।'

'हम 'माँ' को पेशे के रूप में दर्ज नहीं कर सकते, उसकी जगह 'गृहिणी' लिख सकते हैं।' क्लर्क ने कहा और उसकी ओर देखे बगैर फॉर्म पर दस्तखत करते हुए उसे एक लंबी कतार की ओर भेज दिया, जहाँ पर वह लाइसेंस पाने के लिए तीन घंटे तक खड़ी रही और इस दौरान अपने दूसरे बच्चे के बारे में सोचती रही, जो इस दौरान भूखा रहा होगा।

चार साल बाद यही युवा माँ (जिसके अब तीन बच्चे हो चुके थे) एक चरित्र प्रमाण पत्र की खातिर एक पुलिस स्टेशन में पहुँची। वहाँ पर क्लर्क एक महिला थी, जिसके साथ 'सर्टिफिकेट रजिस्ट्रार' जैसा पदनाम जुड़ा था। 'आपका पेशा क्या है ?' उसने रूखी आवाज में पूछा। महिला ने सहज भाव से जवाब दिया—'मैं बाल विकास व मानवीय संबंधों के क्षेत्र में काम कर रही हूँ और एक रिसर्च एसोसिएट हूँ।' उसने यह जवाब कैसे दिया, यह वह

खुद भी नहीं जानती थी। बहरहाल, जवाब सुनकर क्लर्क ठिठकी और उसे ऐसे देखा, मानो वह ठीक से सुन न पाई हो। इस बार उस माँ ने अहम शब्दों पर जोर देते हुए बात दोहराई। वह यह देखकर हैरत में पड़ गई कि उसकी बात को सरकारी प्रश्नावली की उस सूची में बोल्ड, काले अक्षरों में लिखा गया था।

क्लर्क ने जिज्ञासावश उस महिला से पूछा, 'क्या मैं जान सकती हूँ कि आप वास्तव में क्या काम करती हैं?' उसने शांत भाव से जवाब दिया, 'मेरा एक शोध कार्यक्रम चल रहा है (कौन-सी माँ के पास नहीं होता), प्रयोगशाला में व मैदानी स्तर पर, (अमूमन आप और हम इसे इंडोर व आउटडोर कहते हैं)।' उसने अपनी बात को जारी रखते हुए आगे कहा, 'मैं अपने मास्टरों के लिए काम कर रही हूँ और मेरे खाते में इससे जुड़ी अब तक तीन उपलब्धियाँ हैं' (जो उसके हिसाब से तीन बेटियाँ थीं)। जाहिर तौर पर ह्यूमैनिटीज से जुड़ा जॉब काफी डिमांडिंग होता है (कोई भी माँ इससे असहमत नहीं होगी) और मुझे कई बार दिन में 14 घंटे (बल्कि 24 घंटे कहना ज्यादा ठीक होगा) तक काम करना पड़ता है। लेकिन यह जॉब सुबह 9 से शाम 5 बजे के अन्य कॅरियर की अपेक्षा ज्यादा चुनौतीपूर्ण है और इसमें आपके लिए पैसे की अपेक्षा कार्यगत संतुष्टि ज्यादा मायने रखती है।'

क्लर्क की आवाज में उसके प्रति सम्मान का भाव नजर आया। उसका फॉर्म भरने के बाद वह अपनी सीट से उठी और उसे खुद दरवाजे तक छोड़ने आई। जब वह अपने इस ग्लैमरस और नवीन कॅरियर (जिसकी नई-नई व्याख्या की गई थी) की प्रसन्नता के साथ घर लौटी, तो उसके लैब असिस्टेंट्स (जिनकी उम्र 10, 7 व 3 वर्ष थी) ने बाँहें फैलाकर उसका स्वागत किया। मातृत्व...क्या शानदार कॅरियर है! खासकर तब जबकि दरवाजे पर इसके नाम की पट्टिका भी लगी हो। क्या इस हिसाब से हमारी दादी-नानियों को 'बाल विकास व मानवीय संबंध के क्षेत्र में सीनियर रिसर्च एसोसिएट्स' और परदादी-परनानियों को 'एक्जीक्यूटिव सीनियर रिसर्च एसोसिएट्स' का दर्जा दिया जा सकता है? जरूर दिया जा सकता! इस हिसाब से आंटियाँ 'एसोसिएट रिसर्च एसोसिएट' हो सकती हैं।

फंडा यह है कि माँ एक ऐसा कैरियर है, जहाँ पर संतुष्टि ही सबसे बड़ा पारितोषिक है। दुनिया इसे सराहे या नहीं, लेकिन दूसरा ऐसा और कोई पेशा नहीं है, जिसमें प्रतिफल की दर इतनी अधिक हो।

□

लंबे समय तक बना रहता है प्यार के नियम-कायदों का असर

कई साल पहले की बात है, जब जैकब नीड्लमैन सैन फ्रांसिस्को स्टेट यूनिवर्सिटी में अपने छात्रों को पढ़ा रहे थे। एक्जीक्यूटिव प्रोग्राम के तीस छात्रों से उन्होंने एक सवाल पूछा, 'हम अच्छे कैसे बन सकते हैं?' एक छात्र ने अपना हाथ खड़ा किया और कहा कि मैंने अच्छाई अपने पाँच वर्षीय बेटे से सीखी। उसने आगे बताया कि मैं और मेरा बेटा मैक्सिको में क्रिसमस का आनंद ले रहे थे। वह प्रफुल्लित होकर उन खिलौनों के साथ खेल रहा था, जो एक रात पहले उसे मिले थे। तभी पास की झुग्गियों में रहनेवाला एक लड़का वहाँ आया।

मैंने बेटे से अपना एक खिलौना उसे देने को कहा। उसने पहले तो मना कर दिया, लेकिन कुछ मिन्नतों के बाद वह राजी हो गया और वह खिलौना लेकर आया, जो उसे सबसे कम पसंद था। मैंने बेटे की आँखों में देखते हुए कहा कि तुम उसे अपना पसंदीदा खिलौना दे दो। इस बार उसने मेरी बात मानने से इनकार कर दिया, लेकिन मेरा कड़ा रुख भाँपकर वह अनमने ढंग से दरवाजे की ओर गया और अपना मनपसंद खिलौना उसे दे दिया।

स्वाभाविक रूप से मुझे यही लग रहा था कि लौटकर आने पर मुझे अपने बेटे को समझाना-बुझाना पड़ेगा, उसे ढाढस बँधाना होगा, लेकिन मेरे आश्चर्य का ठिकाना नहीं रहा, जब लौटते हुए उसकी चाल में मैंने एक

अलग तरह का उत्साह महसूस किया। एक पाँच वर्षीय बच्चे के भोलेपन के साथ मेरी आँखों में देखते हुए उसने कहा कि यह बड़ा ही अनोखा अनुभव था। क्या मैं फिर से ऐसा कर सकता हूँ?

कई साल पहले जब मेरी बेटी छह साल की थी, तब दिवाली के समय मैंने उसे समझाया कि हमें पटाखे नहीं खरीदने चाहिए, क्योंकि एक तो वे वातावरण को प्रदूषित करते हैं और दूसरा पैसों को जलाने का कोई नतीजा नहीं निकलता। पटाखे को जलाने और इसके धमाके की आवाज से मिलनेवाली खुशी उस पर खर्च होनेवाले पैसे से कहीं ज्यादा है। मेरे इस भाषण का उस पर कोई असर नहीं पड़ा। उसकी उम्र के ही बच्चों की तरह उसने बिना देर किए मेरी बात का विरोध किया, लेकिन कड़े रुख को भाँपकर वह दरवाजे की ओर खड़ी अपनी दादी के पास चली गई। मेरी माँ उसका हाथ अपने हाथों में लेकर उसे समझाने लगी कि किस तरह जानवर पटाखों से डरते हैं और धमाकों की आवाज से असहज हो जाते हैं। उसे कुछ समझ नहीं आया, सिवाय इसके कि हमारे पालतू डॉगीज किस तरह पटाखों की आवाज सुनकर पलंग नीचे छिप जाते हैं।

दरअसल, दिवाली से तीन दिन पहले स्कूलों में छुट्टियाँ शुरू जाती हैं और बच्चे पटाखे जलाने की प्रैक्टिस शुरू कर देते हैं। इनसे परेशान हमारे घर के डॉगीज पलंग के नीचे छिपने को मजबूर हो जाते, यह देख मेरी माँ बाहर गईं और कॉलोनी के सभी कुत्तों को खाने का लोभ देकर उन्हें अपने साथ घर ले आईं। कॉलोनी के सभी डॉग हमारे पालतू जानवरों को अच्छी तरह जानते हैं और इनमें बारह कुत्ते खुशी-खुशी घर आ गए। अगले पाँच दिनों तक वे सभी हमारे घर में ही रहे और पटाखों की आवाज से बचने के लिए कार के नीचे छिपने की मजबूरी से बच गए।

.मेरी बेटी उनके साथ खूब घुल-मिल गई। उसने इन सबका अलग-अलग नाम रखा और उन्हें अपने हिस्से का खाना तक खिलाया। इसके बाद वे जब तक कॉलोनी में रहे, उनका यही नाम रहा। वे मेरी बेटी का खूब ध्यान रखते और यदि कभी वह उनसे रूखा व्यवहार भी करती तो वे उसका बुरा नहीं मानते। यह कहानी करीब 15 साल पुरानी हो चुकी है और तब से

लेकर आज तक हमने एक भी पटाखा नहीं खरीदा है।

फंडा यह है कि प्यार का कानून ऐसा होता है, जो आपको अच्छे काम बार-बार करने के लिए बाध्य कर देता है और इसका असर लंबे समय तक बना रहता है।

□

खाली दिमाग न शैतान का होता है, न साधु का

गरमी की छुट्टियाँ शुरू होते ही पैरेंट्स की पहली चिंता बच्चों को सँभालने की होती है, क्योंकि छुट्टियों के दौरान बच्चों के पास करने को कुछ नहीं होता। खाली दिमाग शैतान का घर—कई लोग इस पुरानी कहावत में अभी भी भरोसा करते हैं। यदि आप भी इसमें विश्वास करते हैं तो इन तीन कहानियों को पढ़ने के बाद आपकी धारणा बदल जाएगी।

कहानी 1—आठ साल की वी चैतन्या तीसरी कक्षा में पढ़ती है और चेन्नई के पॉश इलाके में स्थित आडयार स्कूल की छात्रा है। पिछले साल गरमी की छुट्टियों के दौरान उसके पिता ने तमिल़ कहानियों का एक संग्रह उसे पढ़ने को दिया। काल मुलैथा कथैगल नाम की यह किताब मशहूर लेखक एस रामकृष्णन की रचना है। चैतन्या को यह किताब इतनी पसंद आई कि वह हर दिन शाम को अपने गैर-तमिलभाषी दोस्तों को इसकी कहानियाँ सुनाती। फिर एक दिन उसे ख्याल आया कि रोज कहानियों का अनुवाद करने से बेहतर है कि क्यों न वह अपने दोस्तों के लिए इसका अंग्रेजी में अनुवाद कर दे। उसने शुरुआत में सौ में से दस कहानियों का अनुवाद किया। उसके पिता ने देखा तो उसे जब भी समय मिले, बाकी कहानियों का भी अनुवाद

करने के लिए प्रोत्साहित किया। अगले छह महीनों तक वह धीरे-धीरे अनुवाद करती रही। एक दिन उसके पिता के एक प्रकाशक मित्र उनसे मिलने आए। उन्होंने चैतन्या का अनुवाद देखा। उन्हें वह काफी पसंद आया, क्योंकि चैतन्या की शैली बिल्कुल वैसी थी जैसी बच्चे पढ़ना या सुनना पसंद करते हैं। उन्होंने मूल किताब के लेखक की अनुमति लेकर 80 बाल कहानियों का संग्रह 'नथिंग बट वाटर' नाम से प्रकाशित किया। किताब में शब्दों की स्पेलिंग ठीक करने के अलावा कोई एडिटिंग नहीं की गई। फरवरी 2013 में चेन्नई के वम्सी बुक्स ने इसे प्रकाशित किया और यह तत्काल ही गैर तमिलभाषी बच्चों के बीच खूब लोकप्रिय हो गई। इसकी शुरुआत आठ महीने पहले भाषा के ज्ञान के लिए हुई थी और आज इसका नतीजा एक किताब के रूप में सामने है। उसने इस पुस्तक को वैसे ही पढ़ना शुरू किया और यह आठ साल के बच्चे द्वारा अनुवादित अपनी तरह की पहली किताब बन गई।

कहानी 2—यह वाकया 5 मार्च, 2013 का है। केंद्रीय विद्यालय, कोच्चि में दसवीं और ग्यारहवीं कक्षा में पढ़ने वाले चार छात्रों ने, जिनकी उम्र 15-16 वर्ष के बीच थी, स्पेशल क्लास खत्म होने के बाद कुछ मजा करने का फैसला किया। वे कोच्चि स्टेशन से मंगला एक्सप्रेस में बैठकर मुंबई के कल्याण आए। वहाँ से दूसरी ट्रेन में बैठे और मध्य प्रदेश में इटारसी होशंगाबाद रोड पर स्थित एक लॉज में पहुँच गए। इससे आगे क्या करना है, उन्हें कुछ पता नहीं था। चारों अमीर परिवार से थे और विलिंग्डन आइलैंड तथा मुदामवेली के संभ्रांत इलाके में रहते थे, जहाँ वरिष्ठ रक्षा अधिकारियों का निवास स्थान भी है। इटारसी के उस लॉज मालिक के प्रयासों से स्थानीय पुलिस ने उन्हें उनके माता-पिता तक पहुँचाया। इससे पहले बच्चों के माता-पिता उनके गुमशुदा होने की शिकायत दर्ज करा चुके थे और पूरे देश में उनकी तलाश की जा रही थी।

कहानी 3—2011-12 में कर्नाटक की भाजपा सरकार ने राज्य के 304 मंदिरों के पुजारियों को बच्चों को धार्मिक मूल्यों की शिक्षा देने का निर्देश दिया था। बच्चों को एक से तीन दिन तक चलने वाले समर कैम्प में यह शिक्षा दी जाएगी। पायलट प्रोजेक्ट के पूरा होने के बाद राज्य के सभी

34 हजार मंदिरों में भी ऐसा ही किए जाने की योजना थी। हालाँकि, विपक्षी पार्टियों ने सरकार पर शिक्षा के भगवाकरण का आरोप लगाया था और निर्वाचन आयोग से शिकायत की, लेकिन कई लोगों का मानना था कि इसे एक बार आजमाने में कोई हर्ज नहीं है। बच्चों के माता-पिता ऐसी हर योजना के समर्थन में हैं जो बच्चों को हमारे मूल्यों, विरासत और संस्कृति के बारे में शिक्षित करे, क्योंकि आधुनिक युग में ये चीजें पूरी तरह गुम होकर रह गई हैं। हालाँकि, कैंप में भाग लेना बच्चों के लिए अनिवार्य नहीं है, लेकिन सरकार और अभिभावकों के कई संगठनों का मानना है कि इससे बच्चों में हमारे पुराने इतिहास, सभ्यता और संस्कृति को लेकर जिज्ञासा बढ़ेगी।

फंडा यह है कि खाली दिमाग वर्कशॉप होता है, लेकिन इसे साधु या शैतान का बनाना खुद हम पर निर्भर करता है। बच्चों को दोष नहीं दिया जा सकता, क्योंकि उनके मस्तिष्क आइडियाज से भरे हैं। यदि आप इसकी पहचान नहीं कर पाते और उनकी ऊर्जा के सकारात्मक उपयोग का तरीका नहीं तलाश पाते तो यह दोष आपका है।

□

अनुशासन आपको दिलाता है मान

बीस वर्षीय शिवम राजेंद्र पांडे का लक्ष्य बिलकुल स्पष्ट था। उसने मन में सशस्त्र सेना में शामिल होने का सपना पाल रखा था। जब भी वह पुणे शहर में आर्मी के अनुशासित सैनिकों को परेड करते हुए देखता, तो उसके मन में सेना में शामिल होने की इच्छा बलवती हो उठती। दोस्तों ने उसे बताया कि सेना में शामिल होने के लिए आपकी कम-से-कम एक निश्चित लंबाई, वजन, बॉडी मास इंडेक्स होना चाहिए। इसके अलावा आप बगैर थके कुछ किलोमीटर तक दौड़ सकें। आपको तैरना भी आना चाहिए और यह भी पता हो कि आपातकालीन परिस्थिति में किस तरह बचाव या सामने वाले पर हमला किया जाए।

हालाँकि सेना को ज्वॉइन करने के बाद वहाँ आपको इस तरह की तमाम चीजों का प्रशिक्षण दिया जाता है, मगर शिवम ने सेना की सख्त जीवनशैली के मुताबिक खुद को पहले ही ढालना शुरू कर दिया। उसने मार्शल आर्ट का प्रशिक्षण हासिल किया और वह घंटों तैराकी करता। इससे उसकी कद-काठी भी आकर्षक हो गई।

वह पुणे से तकरीबन 80 किमी दूर जुन्नार के डंबरवाड़ी में स्थित शरदचंद्र पवार इंजीनियरिंग कॉलेज में अध्यनरत था। 14 फरवरी, 2011 को कॉलेज के संस्थापक का निधन होने की वजह से कॉलेज प्रबंधन ने छुट्टी घोषित कर दी।

चूँकि मौसम भी उस वक्त खुशगवार था, लिहाजा शिवम के कुछ मित्रों ने जुन्नार तालुका में स्थित पिंपलेगाँव-जोगे डैम पर पिकनिक मनाने की योजना बनाई। शिवम भी उनके साथ जाने के लिए तैयार हो गया। मगर वह एक अनुशासित पुत्र की तरह पिकनिक पर जाने से पहले अपने माता-पिता से फोन पर इजाजत लेना नहीं भूला।

डैम पर पहुँचने के बाद उसके तीन साथी कपड़े उतारकर पानी में कूद पड़े। मगर उन्हें गहराई का अंदाजा नहीं था और अचानक वे डूबने लगे। वहाँ पर आठ और लड़के भी खड़े थे, मगर शिवम ही एक ऐसा था, जिसने अपनी जान की परवाह किए बगैर तुरंत पानी में छलाँग लगा दी। पानी में डूब रहे उसके दोस्त बेहद घबराए हुए थे और वे उससे बुरी तरह लिपट गए। इसके चलते शिवम चाहकर भी कुछ नहीं कर पाया और उन तीनों के साथ वह भी पानी में डूब गया।

इस घटना ने चार परिवारों के दुलारों को उनसे छीन लिया। प्रत्यक्षदर्शियों का कहना था कि शिवम पानी में अठखेलियाँ करने के लिए नहीं, वरन् अपने दोस्तों की जान बचाने के लिए कूदा था। इस बात की पुष्टि इससे भी होती थी कि जब उन चारों के शव पानी से बाहर निकाले गए तो सिर्फ शिवम ही पैंट व शर्ट में था, जबकि उसके बाकी तीन साथी अंडरवियर में थे।

वर्ष 2012 में जुन्नार के एक सामाजिक कार्यकर्ता रविंद्र कजले ने स्थानीय लोगों के साथ मिलकर केंद्रीय गृह मंत्रालय के समक्ष एक आवेदन भेजते हुए गुहार लगाई कि शिवम की असाधारण बहादुरी को सम्मानित किया जाए, जिसने अपने तीन दोस्तों को बचाने की खातिर अपने प्राणों की भी परवाह नहीं की। इस त्रासदी के वक्त घटनास्थल पर मौजूद रहे छात्रों से बाद में हुई पूछताछ से भी इस बात की पुष्टि हुई कि शिवम तैरने के लिए नहीं, वरन् डूब रहे अपने दोस्तों को बचाने के लिए पानी में कूदा था।

दोस्तों को बचाने की जांबाज कोशिश में अपनी जान गँवाने वाले शिवम को तकरीबन दो साल बाद केंद्रीय गृह मंत्रालय द्वारा गणतंत्र दिवस पर मरणोपरांत उत्तम जीवनरक्षा पदक देकर सम्मानित किया गया।

फंडा यह है कि अनुशासित जीवन निश्चित तौर पर आपको मान्यता या सम्मान दिलाएगा, भले ही नियति कुछ भी हो। शुरुआत में आपकी अनुशासित जीवन शैली को भले ही आपके साथी थोड़ा अजीब समझें, लेकिन दीर्घकाल में आपको इसका फायदा ही मिलेगा। अनुशासन कभी आपको निराश नहीं करता। यह देर-सवेर आपको मान जरूर दिलाता है।

□

पिज्जा की तरह है जिंदगी!

राजस्थान के उदयपुर में रहनेवाले जोएब अली साबुनवाला की छोटी बेटी है मुबीना। उसने वर्ष 2007 में बारहवीं की बोर्ड परीक्षा में बायोलॉजी में 99 अंक हासिल किए। उसके माता-पिता चाहते थे कि वह मेडिकल की पढ़ाई के लिए होने अखिल भारतीय प्रतियोगी परीक्षा की तैयारी करे। वे उसे किसी सरकारी मेडिकल कॉलेज में दाखिला दिलाना चाहते थे, क्योंकि प्राइवेट कॉलेजों की महँगी फीस चुकाना उनके लिए संभव नहीं था। हालाँकि मुबीना ने अपनी ओर से पूरी कोशिश की, लेकिन समुचित मार्गदर्शन के अभाव में वह राजस्थान पी.एम.टी., सी.पी.एम.टी. व इसी तरह के अन्य प्रवेश परीक्षाओं में अच्छा रैंक हासिल नहीं कर सकी। मगर उसने हार नहीं मानी और उसके अभिभावकों ने उसे कोचिंग के लिए कोटा भेज दिया। एक साल की कोचिंग के बाद वह तमाम चिकित्सा सेवा प्रवेश परीक्षाओं में पुनः बैठी। वह अलीगढ़ मुस्लिम यूनिवर्सिटी की प्रवेश परीक्षा में अच्छे अंक हासिल नहीं कर सकी, क्योंकि परीक्षा के वक्त गुर्जर समुदाय के आंदोलन की वजह से व्यवस्था गड़बड़ा गई और वह परीक्षा हॉल में तयशुदा वक्त से आधा घंटा देरी से पहुँच पाई। उसने राजस्थान पी.एम.टी. में सामान्य वर्ग में 117वाँ रैंक हासिल किया, लेकिन उसे किसी भी सरकारी कॉलेज में दाखिला नहीं मिल सका। उसने सी.पी.एम.टी. में 2984वाँ, मनिपाल में 300वाँ और वी.आई.टी. में 450वाँ रैंक हासिल किया। उसके परिवार की उम्मीदें टूटने लगीं और उन्होंने उसका

दाखिला एक स्थानीय कॉलेज में बायो-टेक्नोलॉजी विषय में करवा दिया। इस बीच, उसे सी.पी.एम.टी. की दूसरी काउंसिलिंग के लिए बुलावा आ गया। उस काउंसिलिंग में उसे मुंबई के गवर्नमेंट डेंटल कॉलेज (सेंट जॉर्ज हॉस्पिटल) में एक सीट मिल गई।

चूँकि उसके पिता जोएब ने खुद बॉम्बे यूनिवर्सिटी से बी.कॉम. की डिग्री हासिल की थी, लिहाजा उन्होंने ऊपरवाले की इस रहमत के लिए शुक्रिया अदा किया और मुबीना का दाखिला तुरंत उस कॉलेज में करवा दिया। हालाँकि आगे सीटों की और उठापटक में उसके लिए असम की डिब्रूगढ़ यूनिवर्सिटी से लेकर आंध्र प्रदेश और तमिलनाडु की कुछ यूनिवर्सिटीज में एम.बी.बी.एस. पाठ्यक्रम में दाखिले की गुंजाइश बनी। मगर उसके पिता जोएब के जेहन में 1970 के दशक के दौरान मुंबई में अपनी पढ़ाई के दिनों की यादें ताजा थीं, लिहाजा उन्होंने मुबीना को किसी अनजान जगह भेजने के बजाय मुंबई में ही पढ़ाना बेहतर समझा। जोएब अली और उसकी बीवी अपनी बेटी से रोज रात साढ़े नौ बजे के बाद फोन पर बात करते। इसी तरह एक दिन वे अपनी बेटी से फोन पर बतिया रहे थे, तभी उन्होंने कुछ पटाखे फूटने जैसी आवाजें सुनीं। उसी दौरान एक शख्स तेजी से हॉस्पिटल होस्टल के अंदर भागता हुआ आया और सभी लड़कियों से अपने कमरों के खिड़की-दरवाजे बंद करने के लिए कहने लगा, क्योंकि बाहर आतंकी हमला हुआ था। यह 26/11 का दिन था और अजमल कसाब एंड कंपनी सेंट जॉर्ज हॉस्पिटल के निकट स्थित छत्रपति शिवाजी टर्मिनल पर खुलेआम लोगों को अपनी गोलियों का निशाना बना रही थी। उदयपुर में बैठे मुबानी के फिक्रमंद अभिभावकों ने तुरंत अपना टीवी ऑन किया, जिस पर आतंकियों के इस बर्बर कृत्य की खबरें लाइव प्रसारित हो रही थीं। जब उन्होंने यह सुना कि आतंकी हॉस्पिटल में घुस गए हैं, तो वे बेहद घबरा गए।

चूँकि जोएब मुंबई के भूगोल के बारे में जानते थे और टीवी पर उस दिन इस महानगर के हर हिस्से को दिखाया जा रहा था, लिहाजा उनका तनाव लगातार बढ़ता जा रहा था। जोएब और उनकी बीवी तकरीबन 48 घंटों तक टीवी से चिपके बैठे रहे, जब तक यह खबर नहीं आ गई कि रेलवे स्टेशन

और उससे सटे इलाके पूरी तरह सुरक्षित हैं। अगले दिन हॉस्पिटल के तमाम स्टूडेंट्स से रक्तदान और घायलों का उपचार करने के लिए कहा गया। सेंट जॉर्ज हॉस्पिटल में तकरीबन साठ से सत्तर घायलों को लाया गया था। घायलों की मदद करने वालों में मुबीना भी एक थी। उसने अपने बी.डी.एस. कोर्स की पढ़ाई प्रथम श्रेणी के साथ पूरी की और उसकी इंटर्नशिप, जो सितंबर 2013 तक पूरी हो गई। महिलाओं के खिलाफ बढ़ते अपराधों को लेकर फिक्रमंद उसके अभिभावकों को उम्मीद है कि उनकी बेटी आत्मनिर्भर होकर समाज की भी सेवा कर सकेगी।

फंडा यह है कि जीवन में ईश्वरीय व्यवस्था सुनिश्चित होती है। जिस काम को हम पूरे मनोयोग से करते हैं, उसे पूरा करने में ईश्वर भी भरपूर मदद करते हैं।

□

गलतियाँ इनसान को परिपूर्ण बनाती हैं

उनका नाम मिसेज स्वामी था। लोग उन्हें स्वामी टीचर कहकर बुलाते थे और वह महाराष्ट्र के नागपुर में स्थित सरस्वती विद्यालय में प्राध्यापिका थीं। मेरे 20 वर्ष के अध्ययन काल में मेरा जिन-जिन टीचर्स से वास्ता पड़ा, उनमें वह सबसे सख्त टीचर थीं।

उनके हाथ में स्केल रहती जरूर थी, लेकिन उन्हें कभी इसके इस्तेमाल की नौबत नहीं आई। उनका 5 फुट 10 इंच ऊँचा कद, सुगठित शरीर और साँवला रंग ही उन दिनों 'बिगड़ैल बच्चों' को आतंकित करने के लिए काफी था। उनकी आँखों की हल्की सी हरकत देख बच्चों के पसीने छूट जाते थे। अभिभावक सिर्फ उन्हीं की वजह से अपने बच्चों को इस स्कूल में पढ़ाना पसंद करते थे।

जब छह साल की उम्र में मैंने स्कूल जाना शुरू किया, तो इस सख्त महिला के बारे में मुझे पहले ही आगाह करते हुए कहा गया कि वहाँ जरा सी भी गलती बरदाश्त नहीं करतीं। पहले दिन स्कूल में उन्होंने हमें संबोधित किया और कहा कि वह पहली कक्षा के बच्चों को नहीं पढ़ातीं, लेकिन उनकी क्लास में कभी भी आकर उनकी नोटबुक्स व होमवर्क इत्यादि चेक कर सकती हैं। स्कूल में किसी भी बच्चे की नोटबुक उनकी लाल स्याही के निशान से नहीं बच पाती। बहरहाल, अगले साल हम अगली कक्षा में आ गए और हमने शब्दों के बारे में सीखना शुरू कर दिया। तभी एक दिन वह हमारी

कक्षा में आईं और बताने लगीं कि हम किस तरह छोटे-छोटे वाक्य बना सकते हैं। बाद में मेरे पिताजी ने मुझे बताया कि उन वाक्यों में वर्तनी की ढेरों गलतियाँ थीं। लेकिन स्वामी टीचर द्वारा इस बारे में हमेशा 'गुड' या 'वेरी गुड' जैसे रिमार्क ही दिए गए। कभी-कभार तो मेरी कॉपी में 'वंडरफुल' भी लिख दिया गया। मैं स्कूल से घर आता और इसे अपनी माँ को दिखाता। मेरी माँ को अंग्रेजी नहीं आती थी, लिहाजा शाम को जब पिताजी घर आते तो वह बेहद प्रफुल्लित मन से मेरी कॉपी उन्हें दिखातीं। मेरी कॉपी देख पिताजी उन पर भड़क उठते। उनका कहना होता कि नोटबुक में मेरे द्वारा लिखा गया हर शब्द और हर वाक्य गलत है।

इस पर मेरी माँ यह कहते हुए मेरा बचाव करतीं कि 'अगर स्वामी टीचर ने इसे अच्छा कहा है, तो इसका मतलब है कि यह अच्छा है। आपको अंग्रेजी के बारे में कुछ नहीं पता।' इस बहस के बाद मेरे पिता (जिनकी अंग्रेजी पर अच्छी पकड़ थी) खुद को अपमानित महसूस करते, लेकिन उनकी स्वामी टीचर से कुछ पूछने की हिम्मत नहीं होती। मेरी नोटबुक में वर्तनी और व्याकरण की गलतियाँ नियमित चलती रहीं। आखिर एक दिन मेरे पिताजी के सब्र का बाँध टूट गया। उन्होंने मेरी नोटबुक ली और सीधे स्वामी टीचर के केबिन में पहुँच गए। मुझे नहीं पता कि उन दोनों के बीच अंदर क्या बातचीत हुई, मगर उसके बाद उन्होंने मेरे लिखने के बारे में कभी एक शब्द नहीं कहा। कई साल गुजर गए और मैं भी इस बात को भूल गया। मैंने अपनी शिक्षा पूरी की और पत्रकार बन गया। एक दिन मुंबई में हमें स्वामी टीचर के निधन की सूचना मिली।

तभी मेरे मन में यह जानने की जिज्ञासा हुई कि उस दिन मेरे पिताजी और स्वामी टीचर के बीच क्या बातचीत हुई थी? मेरे पिताजी ने स्वामी टीचर की बात को शब्दशः दोहरा दिया। स्वामी टीचर का कहना था— नट्टी, (मेरे पिता का नाम नटराजन था और करीबी लोग उन्हें 'नट्टी' कहकर बुलाते थे) क्या आपको नहीं लगता कि मेरी अंग्रेजी आपसे बेहतर है? मुझे पता है कि उसकी कॉपी में गलतियाँ हैं। और यह सिर्फ उसकी बात नहीं है, क्लास में सभी बच्चों की कॉपी में गलतियाँ हैं। न सिर्फ

अंग्रेजी की कॉपी में वरन् अन्य भाषाओं की कॉपी में भी। लेकिन बच्चों ने तो अभी शब्द-लेखन, वाक्य-विन्यास इत्यादि के प्रति उत्साह दिखाना शुरू किया है और वे इनमें न सिर्फ छोटी-मोटी हैं, बल्कि बड़ी-बड़ी गलतियाँ भी कर रहे हैं।

मगर मैं यदि उनकी कॉपी में अभी से लाल स्याही फेरने लगी, तो उनकी लिखने की भावना मर जाएगी। इस तरह ये कलियाँ खिलने से पहले ही मुरझाने लगेंगी और शब्दों के प्रति इनका प्यार खत्म हो जाएगा। उन्हें शब्दों से प्यार करने दो। वर्तनी और व्याकरण तो बाद में भी सुधर सकते हैं। मैं नहीं चाहती कि उन्हें लाल स्याही के निशान की वजह से शब्दों से नफरत हो जाए।

फंडा यह है कि जब आप किसी शख्स (चाहे वह किसी भी उम्र का हो) के समक्ष कोई नई चीज पेश करें या कुछ नया सिखाएँ तो उसके बारे में तुरंत नियम-कायदे न लादें। इससे उस चीज या सीखने की प्रक्रिया के प्रति व्यक्ति का उत्साह मर जाएगा। उन्हें नई चीज अपनाने के लिए प्रोत्साहित करें। गलतियाँ तो बाद में भी सुधारी जा सकती हैं।

□

प्रलोभन आते हैं लेकिन फैसला आपको करना है

यह उस समय की बात है जब मेजर जनरल ध्रुव सी कटोच, जो अब सेंटर फॉर लैंड वेलफेयर स्टडीज में एडिशनल डायरेक्टर हैं, सोलह बरस के थे। उनके पिता आर्मी में कर्नल थे। अजमेर में एक बड़े से सरकारी बँगले के अलावा उनके परिवार के पास न तो कार थी, न स्कूटर और न ही फ्रिज। इसके बावजूद उनके परिवार को कभी नहीं लगता कि उनके पास किसी चीज की कमी है। उनका परिवार हमेशा रिक्शे से ही आना-जाना करता और उन्होंने कभी निजी कार्य के लिए सरकारी जीप का इस्तेमाल नहीं किया। हालाँकि एक शाम जूनियर कटोच ने हिम्मत जुटाकर अपने पिता से पूछा, 'डैड, आखिर आप हमें कभी-कभार भी ऑफिस की जीप इस्तेमाल क्यों नहीं करने देते?' सीनियर कटोच उस वक्त रम का एक पैग लेकर बैठे ही थे। ध्रुव की माँ ने उन्हें प्रश्नसूचक निगाहों से देखा, लेकिन कुछ कहा नहीं। कर्नल ने एक घूँट भरा और बेटे की आँखों में आँखें डालते हुए बोले, 'मैं ऐसा करने देता, लेकिन नाशपाती मेरे गले से नीचे नहीं उतरेगी।'

'कौन सी नाशपाती डैड?' बेटे ने हैरान होते हुए पूछा।

कर्नल थोड़ा रुके और फिर बोले, 'उस वक्त मैं तुम्हारी उम्र का रहा होऊँगा। मैं दोस्तों के साथ खेलने गया था। गाँव में एक जगह फलों का बहुत सुंदर बगीचा था, जिसके पेड़ों पर पकी-रसीली नाशपातियाँ लटक रही थीं।

इन्हें देखकर हम बच्चों का मन ललचा गया। हम बाग में घुसे और इतनी नाशपतियाँ तोड़ लीं, जिन्हें हम सुरक्षित वापस ले जा सकें। इस चोरी के माल में से अपना हिस्सा लेकर मैं इस तरह शान से घर लौटा, जैसे कोई योद्धा जंग जीतकर लौटा हो।' उन्होंने आगे कहा, 'तुम्हारे दादाजी बरामदे में अपनी आरामकुरसी पर बैठकर हुक्का गुड़गुड़ा रहे थे। उन्हें आर्मी से रिटायर हुए एक दशक से ज्यादा अरसा हो गया था, इसके बावजूद वह पूरी तरह चुस्त-दुरुस्त थे। मुझे वह दृश्य आज भी अच्छी तरह याद है। वातावरण में चारों ओर शांति छाई थी, जो कभी-कभार वहाँ की सरसराहट और तुम्हारे दादाजी के हुक्का गुड़गुड़ाने की आवाज से भंग हो जाती थी।'

कर्नल थोड़ा रुके। फिर उन्होंने बात को आगे बढ़ाते हुए कहा, 'मैं उनके पास पहुँचा और अपने लाए ताजे फल काटकर प्लेट में उनके समक्ष पेश किए। मैं नहीं जानता कि मैं उनसे किसी तरह की प्रतिक्रिया पाने की उम्मीद कर रहा था, लेकिन जवाब में जो मिला, उसकी मुझे कतई उम्मीद नहीं थी। तुम्हारे दादाजी ने झट से ताड़ लिया कि मैं इन फलों को कहाँ से लाया हूँ और मैंने इन्हें किस तरह इकट्ठा किया है। लेकिन उन्होंने मुझसे सिर्फ इतना कहा, 'बेटा, ये नाशपातियाँ मेरे गले से नीचे नहीं उतरेंगी।' जाहिर तौर पर वह ऐसी कोई चीज नहीं लेना चाहते थे, जिसे ईमानदारी से प्राप्त न किया गया हो। उनके स्वर में तनिक भी विस्मय या रोष नहीं था।'

इसके बाद किशोर कर्नल ने मन में दर्द और अपराध-बोध के साथ प्लेट वापस ले ली। बाद में अपने पिता की नजरों से दूर उन्होंने नाशपाती का एक कतरा खाया, यह देखने के लिए कि उनकी धारणा में कितनी सच्चाई है। खैर, नाशपाती किशोर कर्नल के गले से भी नीचे नहीं उतरी। लिहाजा अगली सुबह वह बगीचे के मालिक के पास पहुँचे और सारी बात बता दी। उसने हौले से उनके कंधे को थपथपाया और ताजी पकी नाशपातियों की एक टोकरी उन्हें भेंट की। यह सुनने के बाद वहाँ थोड़ी देर चुप्पी छाई रही और फिर कर्नल ने कहा, 'जिंदगी कई तरह के प्रलोभन पेश करती है बेटा, लेकिन हममें से कुछ लोग इन्हें स्वीकार नहीं कर सकते।'

फंडा यह है कि जिंदगी में आपके समक्ष कई तरह के लुभावने प्रस्ताव या चीजें आती हैं। अब यह आपको तय करना है कि इनमें से कितनी चीजें आपके व आपकी आने वाली पीढ़ी के लिए मुफीद हैं।

□

समझें स्कूल, स्टूडेंट व हाजिरी की महत्ता

एक जून, 2012 को पाँचवीं कक्षा में पढ़ने वाले टायलर नामक एक ग्यारह वर्षीय बालक ने अमेरिका के मिनेसोटा में स्थित हनीवेल फैक्टरी में फंड उगाहने के एक कार्यक्रम में अमेरिकी राष्ट्रपति बराक ओबामा के भाषण को सुनने के लिए अपनी क्लास बंक कर दी। उसका स्कूल बंक करने का एक और कारण यह था कि इस कार्यक्रम में उसके पिता श्रोताओं के समक्ष राष्ट्रपति को इंट्रोड्यूस करने वाले थे। जाहिर तौर पर उसे इस कार्यक्रम में अग्रिम पंक्ति में बैठने की जगह मिली थी। हालाँकि टायलर ने यह कभी नहीं सोचा था कि राष्ट्रपति अपना उद्‌बोधन खत्म करने के बाद उसके पास आएँगे और उससे एक बेहद असहज करने वाला सवाल पूछेंगे। राष्ट्रपति उसके पास आए और बोले, 'हाय, तुम्हें तो इस वक्त स्कूल में होना चाहिए?' इस पर टायलर ने तुरंत जवाब दिया कि उसने उनका भाषण सुनने के लिए अपनी क्लासेस बंक कर दीं। जैसे ही राष्ट्रपति ने यह सुना, उनका दायाँ हाथ पेपरों के एक बंडल तक पहुँचा, जिस पर व्हाइट हाउस का प्रतीक चिह्न बना था और बाएँ हाथ में उन्होंने पेन लिया। इसके बाद राष्ट्रपति ने उस बालक के बालों को सहलाते हुए उससे उसके टीचर का नाम पूछा। जवाब मिलने के बाद राष्ट्रपति ने अपने आधिकारिक पत्र पर लिखा—'मिस्टर एकरमैन, कृपया टायलर को माफ कर दें, वह मेरे साथ था' और नीचे हस्ताक्षर किए—

'बाराक ओबामा'।

उसी देश में जब कोई किशोरवय लड़का/लड़की अपने सेलफोन के अलार्म का बटन बंद कर स्कूल जाने का विचार छोड़ वापस नींद के आगोश में जाने की सोचता/सोचती है, तो उसका सेलफोन फिर बज उठता है। टेलीफोन पर दूसरी ओर से सुपर मॉडल टायरा बैंकस की आवाज आती है, जो उनसे उठकर तैयार होने, स्कूल जाने और वही करने के लिए कहती है, जो इन्हें ग्रेजुएट होने के लिए करना चाहिए। दरअसल, वहाँ पर गेट स्कूल्ड फाउंडेशन नामक एक संस्था ने बिल ऐंड मेलिंडा गेट्स फाउंडेशन, वायाकॉम और अन्य स्पांसरों के साथ मिलकर अमेरिकी हाई स्कूलों में छात्र/छात्राओं की उपस्थिति बढ़ाने के लिए एक नई पहल शुरू की है, जिसके तहत निकी मिनाज और विज खलीफा जैसे रैपर्स व टामरा बैंक्स समेत कई अन्य सेलिब्रिटीज की आवाज में इस तरह की प्री-रिकॉर्डेड कॉल्स भेजी जाती हैं। छात्र/छात्राएँ व अभिभावक इसे हफ्ते में दो बार के वेक-अप कॉल्स प्रोग्राम के लिए साइन-अप कर सकते हैं, जो देश भर के नब्बे स्कूलों में चलने वाली गतिविधियों को आगे बढ़ाने और स्कूलों में अटेंडेंस संबंधी चुनौतियों से निपटने के लिए किशोरवय छात्र/छात्राओं को सुबह जल्दी उठकर स्कूल जाने के लिए प्रोत्साहित करता है।

अमेरिका में अकादमिक दिक्कतों से जूझ रहे आठ पब्लिक स्कूलों को 23 अप्रैल, 2013 को व्हाइट हाउस के एक सलाहकार पैनल द्वारा घोषित नई पब्लिक-प्राइवेट पार्टनशिप के तहत आर्ट्स एजुकेशन सपोर्ट की बड़ी खुराक मिली, जिससे उनकी स्थिति बदल गई। इसके साथ यो-यो मा और सारा जेसिका पार्कर जैसी थोड़ी-बहुत सितारा पावर भी जुड़ीं। इसका मकसद इस विचार को कसौटी पर परखना भी था कि उच्च गुणवत्ता वाली, समन्वित आर्ट्स एजुकेशन छात्र/छात्राओं को प्रेरित करने, स्कूल का माहौल सुधारने और तमाम संकायों में शैक्षणिक उपलब्धियों में निखार लाने में अहम भूमिका निभा सकती है।

फंडा यह है कि स्कूल और आटर्स समेत तमाम विषयों में गुणवत्ता प्रधान शिक्षा और हाजिरी जैसे मसलों पर गंभीरता से ध्यान देने की जरूरत है। विकसित देश इस पर बहुत ध्यान दे रहे हैं। समय आ गया है कि हम अपने यहाँ भी ऐसा ही करें।

□

घर में क्लासवर्क और क्लास में करें होमवर्क

लंदन में कई स्कूल शिक्षा की ऐसी तकनीक अपना रहे हैं, जिसके बारे में जानकर हममें से कई लोग चकित रह जाएँगे। आप इस तकनीक को आजादी देने की खूबी के कारण पसंद कर सकते हैं, तो भ्रमित करने की क्षमता के कारण नापसंद भी कर सकते हैं। ये स्कूल क्लासरूम को होमवर्क के माहौल में और होमवर्क को क्लासवर्क में बदलते हैं। यानी वे छात्रों से क्लास में होमवर्क और घर में क्लासवर्क करने को कहते हैं। इस तकनीक को 'फ्लिप्ड क्लासरूम फॉर्मेट' कहते हैं। मुंबई के सांताक्रुज स्थित आर.एन. पोद्दार स्कूल, जो कुछ समय पूर्व शिक्षकों को स्काइप के जरिए कहीं से भी पढ़ाने की सुविधा देने के लिए चर्चा में था, एक बार फिर खबरों में है, क्योंकि इसने अपने शिक्षा के प्रारूप को इसी शैक्षणिक सत्र से 'फ्लिप्ड क्लासरूम फॉर्मेट' में बदलने का फैसला किया है। इसमें विद्यार्थियों द्वारा सारा होमवर्क स्कूल में किया जाएगा, जबकि कक्षा का तमाम सिलेबस घर में पढ़ा जाएगा।

एक फ्लिप्ड क्लासरूम पारंपरिक शैक्षणिक तकनीकों को उलटते हुए क्लास के बाहर ऑनलाइन तरीके से शिक्षा प्रदान करता है, जबकि होमवर्क को कक्षा में ले आता है। किसी पारंपरिक क्लासरूम में शिक्षक आपको पढ़ाते हैं और पीरियड के दौरान ज्यादातर यह एकतरफा संवाद होता है। क्लास में सतत मॉनीटरिंग के चलते छात्र अपनी राय भी नहीं दे पाते, क्योंकि टीचर अपनी बॉडी लैंग्वेज के जरिए इसे रोक देते हैं। इसलिए स्कूल ने फैसला किया कि तमाम

विषयों के लेक्चर्स की रिकॉर्डिंग करवाई जाए और इन्हें एक लिंक के जरिए···छात्रों तक पहुँचाया जाए। छात्र अपने कंप्यूटर पर लॉग-इन करके इन लेक्चर्स को सुन-समझ सकते हैं। छात्र इस संदर्भ में अपनी तमाम शंकाओं के बारे में लिखते हुए इनके बारे में क्लासरूम में टीचर के साथ चर्चा कर सकते हैं। यह कार्यप्रणाली छात्रों को क्लास में ज्यादा चर्चा करने का मौका देती है।

इस स्कूल ने पिछले साल सातवीं कक्षा में छह महीने तक इसे आजमाया और उससे मिले अनुभव के आधार पर इस नई तकनीक को थोड़े-बहुत संशोधनों के साथ अपनाने का फैसला किया। इस तरह अब वीडियो, इंटरनेट या कॉन्फ्रेंसिंग के जरिए लेक्चर्स लिये जा सकते हैं। इसके अलावा शिक्षक भी कभी-कभार सोशल नेटवर्किंग साइट्स पर जाकर यह देख सकते हैं कि उनके छात्रों को विषय संबंधी क्या-क्या दिक्कतें पेश आ रही हैं। इससे छात्र को भी काफी आसानी होगी, क्योंकि अब उनके टीचर सोशल नेटवर्किंग साइट्स पर मौजूद होंगे।

होमवर्क को लेकर छात्रों के मन में आम धारणा यह होती है कि 'यह हम पर लादा जाता है और इसके चलते हम बाहर खेलने भी नहीं जा सकते।' लेकिन अब फ्लिप्ड क्लासरूम फॉर्मेट के साथ उन्हें होमवर्क करने में मजा आएगा और लेक्चर जैसा एकालाप जहाँ है, वहीं रहेगा। इस तरह तकनीक के आने के साथ टीचर की भूमिका बदल रही है। इसके जरिए जहाँ क्लासरूम में टीचर छात्रों की शंकाओं का निवारण करते हुए गाइड की भूमिका में होंगे, वहीं छात्रों द्वारा कंप्यूटर को लॉग-इन करते हुए स्कूल द्वारा दी गई लिंक पर क्लिक करते ही स्क्रीन पर वह टीचर की भूमिका में ही नजर आएँगे।

फंडा यह है कि यदि आप वास्तव में चाहते हैं कि स्कूल आनेवाले हरेक बच्चे के मस्तिष्क में शिक्षा का सार सौ फीसदी तक पैठे, तो इस तरह की नई तकनीकों व प्रक्रियाओं को आजमाते रहें। इससे हमारी युवा पीढ़ी की सीखने की क्षमता बढ़ेगी। मैं फिर दोहराता हूँ कि हमारी युवा पीढ़ी हमसे कहीं ज्यादा स्मार्ट है, उन्हें और ज्यादा होशियार बनाने के लिए हमें बस अपनी तकनीक बदलने की जरुरत है।

□

पुरातन ज्ञान अपनाकर करें सर्वांगीण विकास

आपको वे दिन तो याद ही होंगे, जब दादी-नानी रोज रात को सोने से पहले कहानियाँ सुनाया करती थीं। ये कहानियाँ पंचतंत्र, कालिदास, रामायण, गीता या महाभारत से ली गई होती थीं, जिन्हें सुनने में काफी मजा आता था। हालाँकि नई पीढ़ी को इन्हें न सुनाने की भारी कीमत चुकानी पड़ रही है। देश के अग्रणी बिजनेस स्कूलों ने इस बात को महसूस किया है कि कारोबार चलाने वाले हमारे शीर्ष प्रबंधक विश्वास की कमी और इमोशनल कोशेंट (ईक्यू) में असंतुलन के साथ भारी दबाव में रहते हैं। उन्हें दबाव से उबारने और कारोबारी समझ के साथ मानवीय मूल्यों को जोड़ने के लिए अब शीर्ष बिजनेस स्कूल मौजूदा कारोबारी रणनीतियों के साथ पंचतंत्र की कहानियाँ, स्वामी विवेकानंद के दर्शन और थोड़ी-बहुत महाभारत, भगवद्गीता, रामायण इत्यादि को जोड़ रहे हैं।

तमिलनाडु के त्रिचि के स्थित भारतीदासन इंस्टीट्यूट ऑफ मैनेजमेंट ने पुडुचेरी (पांडिचेरी) के श्रीअरविंद इंस्टीट्यूट के साथ टाई-अप किया है, ताकि उसकी शिक्षाओं को मैनेजमेंट पाठ्यक्रमों के साथ जोड़ा जा सके, जिससे छात्रों में ऐसी चेतना जगाई जा सके, जो सांस्थानिक, राष्ट्रीय व मानवीय सीमाओं से परे हो। आई.आई.एम. कोलकाता ने एक एक्सक्लूसिव प्रोग्राम लांच किया है, जिसमें कालिदास के पद्य और कौटिल्य का अर्थशास्त्र शामिल है। इसी तरह आई.एस.बी., हैदराबाद एक लीडरशिप ट्रांसफॉर्मेशनल प्रोग्राम चलाता है, जो

'गीता' पर टिका है। एम.बी.बी.एस. के छात्रों को भी योगा सिखाया जा रहा है। बिजनेस स्कूलों का दृढ़ विश्वास है कि ऐसा पाठ्यक्रम या प्रोग्राम, जिसमें भारतीय लोकाचार से जुड़ी बातें भी समाहित हों, शीर्ष प्रबंधकों को व्यापक नजरिया प्रदान कर उन्हें हालात को प्रभावी ढंग से सँभालने में सक्षम बनाता है। युगों पुराने ग्रंथों से ज्ञान की बातें लेने वाले ऐसे पाठ्यक्रमों में अनेक तरह का बौद्धिक दर्शन, मूल्य, मनोविज्ञान और संस्कृति होती है, जो हमारे प्रबंधकों को कारोबारी लक्ष्य हासिल करने में मदद करती है।

इत्तेफाक देखिए कि विकसित देश भी भारत से दादी-माँ के नुस्खे अपना रहे हैं। एम्सटर्डम में 'रिपेयर कैफे' नामक एक नया शॉप आइडिया उपजा है। तमाम घरेलू आइटम्स, जो टूटे-फूटे हैं, जिनमें दरार या कोई अन्य खामी आ गई है, उसे इस कैफे में दुरुस्त कर दिया जाता है और वह भी बिलकुल मुफ्त। इनका इस्तेमाल व्यक्ति पहले की तरह कर सकता है या फिर इन्हें जरूरतमंदों को दान भी दिया जा सकता है। आप सोच रहे होंगे कि इसमें नया क्या है। भारत में हमारे यहाँ इतनी अधिक रिपेयर शॉप हैं, जिन्हें कैफे के बजाय शॉप ही कहते हैं। लेकिन विकसित देशों में लोग जरा सी टूट-फूट होने पर सामान को फेंक देते हैं, अत: वहाँ पर इलेक्ट्रॉनिक कचरे की बड़ी समस्या है। डच सरकार ने वॉलेंटियरों के साथ मिलकर लोगों को इलेक्ट्रॉनिक उत्पादों की रीसाइकिलिंग के लिए प्रेरित करना शुरू कर दिया है। उनकी इस पहल में रिटायर्ड कार्मियों समेत अनेक एनजीओ ने योगदान दिया है।

यदि देश के भीतर तथा विदेश में जारी इन दोनों गतिविधियों को साथ जोड़कर देखें तो स्पष्ट तौर पर यह सामने आता है कि अपव्यय और संस्कृति जैसे मामलों में हमारे प्राचीन विचार-मूल्यों की कितनी महत्ता है।

फंडा यह है कि हम अपने बच्चों के मन में कम उम्र में ही प्राचीन प्रेरक गाथाओं से जुड़े सबक बैठा दें, ताकि वे आधुनिक समाज द्वारा पेश की जा रही तगड़ी प्रतिस्पर्धा का आसानी से मुकाबला कर सकें। हमारे प्राचीन महाग्रंथ ज्ञान का भंडार हैं। अब समय आ गया है कि हम इन्हें अपने आम जीवन में अंगीकार करें।

□

चीजों को हाथ से निकलने न दें

मेरे कॉलेज के दिनों की बात है, उस वक्त काफी गरमी पड़ रही थी। ऐसे ही एक गरमी भरे दिन में एक बालक आई.आई.टी. बॉम्बे में हमारे होस्टल के पीछे स्थित झील में तैरने पहुँचा। वह कर्मचारियों के लिए बने आवास में रहता था। बहरहाल, उसने झील में छलाँग तो लगा दी, लेकिन उसे यह नहीं पता था कि उसमें घड़ियाल भी हैं। वह तैरते हुए झील के मध्य की ओर जा रहा था, तभी एक घड़ियाल उसकी ओर बढ़ने लगा। कैंपस की कैंटीन में काम करने वाले उसके पिता ने जब यह दृश्य देखा, तो वह दहल गए। उन्होंने तुरंत झील की ओर दौड़ लगा दी और चिल्लाते हुए अपने बेटे को खतरे के प्रति सचेत भी करते जा रहे थे। बच्चे ने जब पिता की आवाज सुनी, तो उसे खतरे का अहसास हुआ और वह तुरंत यू-टर्न लेकर किनारे की ओर लौटने लगा।

लेकिन तब तक देर हो चुकी थी। जैसे ही वह अपने पिता के पास पहुँचा, घड़ियाल उस तक पहुँच गया। किनारे पर खड़े उसके पिता ने उसे हाथों से पकड़ लिया, जबकि उसके पैर घड़ियाल के जबड़े में आ गए। इसके बाद दोनों के बीच जबरदस्त खींच-तान शुरू हो गई। जाहिर तौर पर घड़ियाल ज्यादा ताकतवर था, लेकिन पिता किसी भी कीमत पर अपने बच्चे को खोना नहीं चाहते थे। सुरक्षाकर्मियों ने उनकी चीख-पुकार सुनकर पानी में गोली

चला दी। गोली घड़ियाल को नहीं लगी, लेकिन वह भाग जरूर गया।

बच्चा बुरी तरह घायल हो गया और हफ्तों तक अस्पताल में रहने के बाद किसी तरह उसकी जान बच सकी। उसके पैरों पर जगह-जगह घड़ियाल के दाँतों के गहरे घाव थे। उसकी भुजाओं पर पिता की उँगलियों के नाखूनों से गहरी खरोंचें आई थीं, जो उसे घड़ियाल से बचाते वक्त उसके हाथों में धँस गए थे। हादसे के बाद उसका साक्षात्कार लेने पहुँचे एक अखबार के रिपोर्टर ने उससे पूछा कि क्या वह अपने जख्मों के निशान दिखा सकता है ? जवाब में उस बच्चे ने पतलून के पाँचे ऊपर कर दिए। इसके बाद उसने बड़े गर्व के साथ उस रिपोर्टर से कहा, 'लेकिन आप मेरी बाँहों को देखें। इन पर भी गहरे निशान हैं। ये निशान इसलिए पड़े, क्योंकि मेरे पिता ने तमाम मुश्किलों के बावजूद मुझे खुद से दूर नहीं होने दिया।'

आप और हम खुद को उस बच्चे के साथ जोड़ सकते हैं। हमें भी निशान मिले हैं, किसी घड़ियाल से नहीं, वरन् अपने दर्दनाक अतीत से। इनमें से कुछ निशान बहुत भद्दे हैं, जो हमारे लिए गहरे अफसोस का कारण हैं। लेकिन कुछ निशान इसलिए हैं, क्योंकि भगवान (यहाँ पर आप 'माता-पिता' भी पढ़ सकते हैं) ने चीजों को हाथ से निकलने नहीं दिया। आपके संघर्ष के दौरान भगवान वहाँ आपको थामने के लिए आपके साथ होते हैं। भगवान हर तरह से आपकी रक्षा करना चाहते हैं। लेकिन कभी-कभार हम मूर्खतापूर्ण तरीके से खतरनाक स्थितियों में उतर जाते हैं, बगैर यह जाने कि आगे क्या छिपा है। जिंदगी रूपी झील खतरों से भरी है।

और बच्चो, इस बात को न भूलो कि जब आपके माता-पिता अपने शब्दों या कृत्यों के जरिए आपको ठेस पहुँचाते हैं तो वे ऐसा इसलिए नहीं करते कि इससे उन्हें कोई फायदा होता है या आपकी बेइज्जती कर या मार-पिटाई कर उन्हें खुशी मिलती है। वे ऐसा इसलिए करते हैं, क्योंकि वे नहीं चाहते कि उनके दुलारे बच्चे का भविष्य अस्वीकार्य स्थिति में उलझ जाए। व्यक्ति को अपने भगवान/माता-पिता पर पूर्ण आस्था रखनी चाहिए। इसके साथ-साथ उसके लिए खुद भी प्रयास करना उतना ही जरूरी है।

फंडा यह है कि अभिभावकों के लिए एक संदेश है कि आप कहीं भी हों, लेकिन परिस्थितियों को हाथ से निकलने न दें। अपने बच्चों पर उन स्थितियों के कुछ निशान जरूर छोड़ें!

□

बच्चों में फिटनेस का बढ़ता क्रेज

छुट्टियाँ लोगों को जंग फूड पर टिके रहने और आराम फरमाने की ज्यादा गुंजाइश देती हैं। यह जानी-मानी बात है कि छुट्टियों के दौरान बच्चों के शरीर पर चरबी चढ़ जाती है। अनेक अभिभावक अपने बच्चों की खान-पान से जुड़ी आदतों को लेकर चिंतित रहते हैं और ऐसे विकल्प तलाशते रहते हैं, जिससे उनके बच्चे न सिर्फ व्यस्त रहें बल्कि उन्हें कुछ शारीरिक गतिविधियाँ भी करने को मिलें, जिससे उनका शरीर स्वस्थ रहे।

गरमियों की छुट्टियों के बाद बच्चों में मोटापे की दर लगातार बढ़ती जा रही है। इसके पीछे इस पूरी अवधि में छाया रहने वाला आलस्य और न के बराबर शारीरिक गतिविधियों जैसे कारक जिम्मेदार होते हैं। यह समस्या 5 से 11 वर्ष के बच्चों के बीच ज्यादा देखी जाती है। अमूमन हम बच्चों को गरमियों की छुट्टियाँ सृजनात्मक ढंग से गुजारने के क्रम में किसी ड्रॉइंग क्लास, स्पोर्ट्स क्लास, आर्ट क्लास या भाषा संबंधी क्लास में जाते हुए देखते हैं। लेकिन अब यह चलन पुराना हो गया है। आजकल महानगरों के बच्चे खुद को स्वस्थ व तंदुरुस्त रखने के लिए जिम की ओर रुख कर रहे हैं।

दिल्ली व मुंबई जैसे महानगरों के सर्वाधिक सदस्य संख्या वाले समर कैंपों में फिट किड, फन फैक्टरी जैसे नाम शामिल हो चुके हैं। इस तरह के समर कैंप्स में बच्चों की उम्र के मुताबिक हुला हूप्स, बीन बैग्स, ट्रेंपोलाइन व पुल-अप बार जैसे जिम संबंधी उपकरण उपलब्ध कराए जाते हैं, जिनके साथ उन्हें एक्सरसाइज

करने में मजा आता है। बच्चों के शरीर को तीन महीनों के अंतराल में उचित आकार में लाने के लिए नृत्य व कथावाचन सत्र भी चलते हैं, जिनमें शरीर की काफी कसरत हो जाती है। हालाँकि ये सत्र साल भर चलते हैं, लेकिन अभिभावक व बच्चे इन पर गरमियों की छुट्टियों में ही कुछ ज्यादा ध्यान देते हैं। जहाँ फिटनेस ऐसे सत्रों का एक बड़ा पहलू है, वहीं स्ट्रेंथ बैलेंस कोऑर्डिनेशन की इस रिजीय का एक प्रमुख हिस्सा बन गए हैं। दस साल से कम उम्र के बच्चे कार्डियो एक्सरसाइज, एरोबिक्स कर रहे हैं और ट्रेंपोला इन पर डांसिंग करने में तो बच्चे खूब मजा लेते हैं। इन सूत्रों में पाँच साल तक के छोटे बच्चों को भी प्रशिक्षित करते हुए उनकी शारीरिक मुद्रा और चाल-ढाल में सुधार लाया जाता है। जहाँ अमीर बच्चे उनके प्रोग्राम पर साल भर फोकस करते हैं, वहीं ऐसे भी कई अभिभावक हैं, जो गरमियों की छुट्टियों के हिसाब से प्लान किए गए खास प्रोग्रामों पर फोकस करते हैं। इस तरह के ग्रीष्मकालीन सत्र न सिर्फ बच्चों को व्यस्त रखते हैं, वरन् सेहत के प्रति जागरूक बच्चों के साथ संवाद करते हुए उन्हें पूरे साल अपनी फिटनेस का खयाल रखने के लिए प्रेरित भी करते हैं।

समर कैंप जैसे उद्यम के साथ सेहत को एक बड़े घटक के तौर पर जोड़ने से पिछली दो गरमियों में इनकी लाभदायकता में उल्लेखनीय बढ़ोतरी दर्ज की गई है, उन समर कैंपों की तुलना में जो ड्राइंग, भाषायी कौशल और पॉटरी मेकिंग जैसी पारंपरिक कलाएँ सिखाते हैं। देश भर में दूसरे सर्वाधिक लाभ कमाने वाले समर कैंप वे हैं, जिनमें खेल संबंधी प्रशिक्षण दिया जाता है। इस मामले में तीसरे नंबर पर अब भी म्यूजिक इंस्ट्रूमेंट क्लासेस हैं। दुर्भाग्य से म्यूजिक क्लासेस में समय काफी लगता है। लेकिन हेल्थ समर कैंप में प्रतिफल की दर वाकई उच्च है और यह हर लिहाज से एक अच्छी बात है।

फंडा यह है कि हेल्थ व फिटनेस से जुड़े आइटम सभी उम्रवर्ग के लोगों के बीच तेजी से लोकप्रिय हो रहे हैं। कोई भी कारोबार जिसमें हेल्थ व फिटनेस संबंधी चीजें जुड़ी हों, अन्य कारोबारों की अपेक्षा ज्यादा मुनाफा कमाकर देगा।

□

समस्या की गहराई तक जाकर तलाशें निदान

मुंबई में एक शैक्षणिक संस्था है, जो विभिन्न उपनगरों में मध्य वर्ग के बच्चों के लिए स्कूल चलाती है। इस संस्था की पिछले दिनों संपन्न सालाना आम सभा के एजेंडे में एक महत्त्वपूर्ण प्रस्ताव शामिल किया गया। इसमें कहा गया कि प्राइमरी कक्षाओं में और बेंच लगाने की जरूरत है, जिसके लिए कुछ लाख रुपयों का प्रावधान करना होगा। इस पर काफी हंगामे के बाद एक संयुक्त समिति बनाने का निर्णय किया गया। इस समिति को यह पता लगाना था कि जब पिछले दो सालों में हर क्लास में बेंचों की संख्या बढ़ाई जा चुकी है, तो अब यह जरूरत दोबारा क्यों आन पड़ी? समिति को दो दिनों में सभी स्कूलों में निरीक्षण कर बेंचों की जरूरत की सच्चाई पता लगा रिपोर्ट पंद्रह दिन के भीतर प्रबंधन को पेश करनी थी। समिति ने जब स्कूलों का दौरा किया, तो उसे समझ में आया कि बच्चों को क्लास में लगी बेंच पर सिकुड़कर बैठना पड़ रहा है। इस कारण बेंच पर बैठे बच्चों की हैंडराइटिंग खराब हो रही है। साथ ही वे एक-दूसरे से इस कारण अपसेट भी रहते हैं।

दौरे के बाद समिति ने रिपोर्ट प्रेषित करते हुए कहा कि अतीत में गठित समिति ने बेंच की समुचित लंबाई-चौड़ाई का सही आकलन नहीं किया था। इस कारण अब जो समस्या उभरी है और पहले पैसा खर्च करने के बाद फिर से भारी रकम खर्च करनी पड़ेगी, उसके लिए प्रबंधन ही जिम्मेदार है। इस पर पहली समिति के सदस्यों ने फोटो के जरिए समझाने की कोशिश की कि उनके

द्वारा बेंच की सही माप ली गई थी। उनके द्वारा लगाई गई बेंचों में चार बच्चे आराम से बैठ सकते थे। इसके विपरीत नई समिति का कहना था कि अब उसी बेंच पर महज साढ़े तीन बच्चे ही आराम से बैठ सकते हैं। इसके बाद दोनों समिति के सदस्यों ने जब मिल-बैठकर स्थिति का आकलन किया, तो पता चला कि प्राइमरी क्लास में पढ़ने वाले बच्चे पहले की तुलना में मोटे हो गए हैं। इसके बाद प्रबंधन ने ब्रीच कैंडी अस्पताल के ओबेसिटी सर्जन डॉ. संजय बरुडे से संपर्क किया, ताकि वे अभिभावकों से मिलकर समस्या का निदान सुनिश्चित करें। डॉ. संजय के मुताबिक शुरुआत में बच्चे सामान्य मोटापे का शिकार होते हैं, उन्हें देख अभिभावकों को संतुष्टि मिलती है कि यह उनके द्वारा अपनाए गए खान-पान का असर है। बाद में बच्चे गंभीर मोटापे से ग्रसित हो जाते हैं। स्थिति यह है कि आज देश के दस फीसदी बच्चे बीमारी की हद में आने वाले मोटापे का शिकार हैं। टीवी के सामने घंटों बैठे रहने और जंक फूड के सेवन ने उन्हें इस स्थिति तक पहुँचाया है। उनकी शारीरिक गतिविधियाँ कम से कमतर हो गई हैं। यही नहीं, इन बच्चों में कोलेस्टरॉल का स्तर भी पचास के वय के व्यक्ति जितना पाया गया।

दिल की धड़कनें अचानक थम जाना आज आकस्मिक मौत का बड़ा कारण है। सिर्फ दिल की बीमारियों से ही आज एक करोड़ 73 लाख लोग सालाना मर रहे हैं। बच्चे सुबह उठकर न तो योग करते हैं और न ही टहलने जाते हैं। जरूरी है कि उन्हें एक्सरसाइज और शारीरिक सक्रियता के महत्त्व से परिचित कराया जाए। डॉ संजय के इस खुलासे के बाद स्कूल प्रबंधन नई बेंच तो लगवा रहा है, साथ ही बच्चों के लिए योग समेत सुबह-सुबह अन्य शारीरिक गतिविधियाँ भी अनिवार्य कर रहा है।

फंडा यह है कि जो ऊपर से दिखता है, वह समस्या का दस फीसदी हिस्सा भर होता है। बाकी जड़ तो कहीं गहरे होती है। अगर आप कुशल प्रबंधक हैं, तो आपको उन नब्बे फीसदी समस्याओं का हल खोजना होगा, जो आमतौर पर हमें दिखती नहीं हैं।

□

सजा ऐसी हो, जो कुछ सिखा सके

ऑस्ट्रेलिया के सिडनी में पैरामत्ता नदी के तट पर एक पब्लिक स्कूल स्थित है, जो विशाल परिसर में फैला है। इसके परिसर में हरे-भरे मैदान और घने छायादार वृक्ष हैं। इसको लेकर एक मजबूत सामुदायिक भावना इस तथ्य से उभरती है कि इसमें पढ़ने वाले अनेक बच्चों के माता-पिता और दादा-दादी भी इसमें पढ़े हैं। सिडनी में तकरीबन 230 पब्लिक स्कूल हैं और उनका छात्र/छात्राओं को दंडित करने का तरीका काफी शिक्षाप्रद है। एक मिसाल पेश है।

ज्यॉफ मेसियन एक 12 वर्षीय बालक है और उसे फुटबॉल खेलना बहुत अच्छा लगता है, लेकिन खेलते समय वह बहुत ज्यादा थूकता है। जैसा कि ऑस्ट्रेलियाई क्रिकेट खिलाड़ी चेन्नई ग्राउंड में उच्च आर्द्रता की वजह से अकसर करते हैं। एक बार उसे हरे-भरे मैदान पर थूकते हुए पकड़ लिया गया। इसके बाद उसके कोच ने उसे एक दिन के लिए मनोविज्ञान के शिक्षक के पास भेजा, जिन्होंने उसे नगरीय निकाय के साफ-सफाई विभाग में दो दिन तक काम करने के लिए कहा। हालाँकि ज्यॉफ ने कोई साफ-सफाई तो नहीं की, लेकिन उसने पूरे दो दिन तक नगरीय निकाय के कर्मियों को सड़कों की सफाई करते, कूड़ेदान से कचरा इकट्ठा करते और इसे उचित जगह पर ले जाकर ठिकाने लगाते हुए देखा। ज्यॉफ को दो दिन बाद स्कूल वापस लौटकर इस विषय पर एक निबंध लिखना था कि शहर में किस तरह कचरा साफ होता है और उसने इसके बारे में क्या सीखा। बहरहाल, इसके बारे में स्कूल के मनोविज्ञान शिक्षक का कहना है, 'ऐसा करने से बच्चों में जिम्मेदारी का भाव आता है और वे सड़क या ग्राउंड

पर थूकने या गंदगी फैलाने के प्रति सचेत हो जाते हैं।' इसी तरह स्मिथ राफेल जेब्रा लाइन क्रॉस करते समय मौत के मुँह में जाते-जाते बचा। वह रेड सिग्नल के वक्त जेब्रा लाइन क्रॉस कर रहा था, तभी एक ट्रक तेजी से उसकी ओर आया, जिसने उसे बचाने के चक्कर में पास के एक ट्रैफिक बूथ में टक्कर मार दी। इस घटना के बाद उस किशोरवय बालक को दो दिनों के लिए ट्रैफिक डिपार्टमेंट में भेजा गया, ताकि वह देख सके कि सिडनी शहर में यातायात किस तरह नियंत्रित किया जाता है।

उसने पूरे दो दिनों तक ट्रैफिक पुलिसकर्मियों के साथ घूमते हुए गलती करने वाले लोगों पर जुरमाना लगाने, ट्रैफिक नियमों का पालन करने वाले लोगों को देखकर मुस्कराने, किसी का पता तलाशने में मदद करने समेत वह सबकुछ किया, जो ट्रैफिक पुलिसकर्मी अमूमन करते हैं। स्मिथ ने वापस आकर इस बारे में एक विस्तृत रिपोर्ट लिखी कि सिडनी जैसे भीड़भाड़ भरे शहर में ट्रैफिक को नियंत्रित करना कितना मुश्किल है। इससे उसे समझ आया कि ट्रैफिक नियमों का पालन करना क्यों अहम है।

वास्तव में वहाँ हरेक छात्र स्कूली जीवन के 12 सालों के दौरान समाज के विभिन्न हिस्सों से जुड़े ऐसे प्रोजेक्ट कम-से-कम 20 दिनों के लिए करता है। इससे उन्हें पता चलता है कि संबंधित विभाग कैसे काम करता है और कर्मियों को अपने जिम्मेदारियों के निर्वहन में किन-किन दिक्कतों से जूझना पड़ता है। इन सब बातों को करीब से जानने से उनमें जिम्मेदारी का भाव आता है और वे आगे चलकर एक अनुशासित नागरिक बनते हैं। स्कूल भी अपनी ओर से इस तरह की गैर-जिम्मेदारी भरी बातों को अपने प्रोजेक्ट्स का हिस्सा बनाते हैं। वास्तव में ऐसी कवायद कभी गैर-उत्पादक नहीं होती।

फंडा यह है कि इस तरह के अनूठे तरीके अपनाते हुए नटखट बच्चों में भी अच्छी आदतों का समावेश किया जा सकता है। छात्रों को रचनात्मक तरीके से दंडित करना आज के समय की माँग है।

□

युवाओं को लाएँ सुधारों की राह पर

अपूर्व सिन्हा, अनुज रॉय और अवंतिका शेट्टी मुंबई के बांद्रा में स्थित नेशनल कॉलेज के 25 छात्र/छात्राओं के एक बैच में शामिल थे, जिन्होंने सड़कों पर उतरते हुए मुन्नाभाई की तर्ज पर शहर की सड़कों व गलियों को साफ रखने के लिए नगरीय निकाय के तमाम सफाईकर्मियों का शुक्रिया अदा किया। हालाँकि उनका प्रोजेक्ट यह नहीं था। उनका प्रोजेक्ट आम आदमियों को ध्यान में रखकर चलाया गया था, जो सड़कों पर गंदगी फैलाते रहते हैं और इनकी सफाई न करने के लिए नगर निगम कर्मियों को दोष देते हैं।

इन छात्र/छात्राओं ने जब खुद झाड़ू उठाई और तब जाकर उन्हें एहसास हुआ कि सड़क बुहारना कितना मुश्किल है। नगर निगम के सफाई कर्मियों ने उन्हें सही से झाड़ू पकड़ना व सड़क बुहारना सिखाया। जहाँ स्वीपरों को लगा कि इससे पहले कभी किसी ने उन्हें इतना सम्मान नहीं दिया, वहीं ये छात्र/छात्राएँ जो गंदगी फैलाने को लेकर लापरवाह थे, अब इस बात को लेकर लापरवाह थे, अब इस बात को लेकर सतर्क हो गए कि किस चीज को कहाँ फेंका जाए। इस प्रोजेक्ट के पीछे कॉलेज प्रबंधन की सोच यह थी कि इससे इनके यहाँ से पढ़कर निकलने वाले ये छात्र/छात्राएँ शहर के जिम्मेदार नागरिक बनेंगे और उनकी ओर से भी स्वच्छ समाज की दिशा में कुछ योगदान हो जाएगा। मुंबई के ही विल्सन कॉलेज के अभय राहा, श्वेता रमेश और यश सिंह समेत कुछ अन्य छात्र/छात्राएँ कई दिनों तक विभिन्न पबों में गए और वहाँ मौजूद लोगों में 'पीके मत चला' वाले स्टिरर्स बाँटे। ये छात्र/छात्राएँ एक एडवर्टाइजमेंट

कोर्स का हिस्सा थे और उनका प्रोजेक्ट था कि वे शहर में अल्कोहल संबंधी दुर्घटनाओं में कैसे कमी ला सकते हैं।

इन छात्र/छात्राओं ने इस प्रोजेक्ट को एक उद्देश्य की तरह लिया और वे आस-पास के तकरीबन हर पब में गए और वहाँ मौजूद लोगों को ड्रिंक के बाद ड्राइविंग न करने के लिए समझाया। उन्हें लगा कि नशे में धुत आदमी के बनिस्बत संयत आदमी से बात करना ज्यादा आसान होता है और उन्होंने इसे चुनौती की तरह लिया और युवाओं को इस बारे में समझाने की कोशिश की। वे जब-जब पबों में गए, शराब पीकर नशे में धुत होने की घटनाओं में कमी आ गई। पीने वालों को उनके ये स्टिरर्स काफी पसंद आए, जो उन्हें याद दिलाते रहते थे कि 'पीके मत चला'। इसी शहर के जय हिंद कॉलेज के छात्रों ने एक अलग तरह का प्रोजेक्ट किया। वे युवाओं के पास जाकर उनसे पूछते कि उन्हें अंग्रेजी का ऐसा कोई शब्द याद आता है, जो 'एफ' से शुरू और 'के' पर खत्म हो। हर किसी को चार अक्षरों वाला एक अश्लील शब्द याद आता। कोई भी इससे परे नहीं सोच पाता। इस प्रोजेक्ट टीम में आलिशा कांबले, हीना मसिंघानी और जूही देधिया के अलावा 17 अन्य छात्र/छात्राएँ शामिल थे और वे तब तक किसी जगह से नहीं हटते, जब तक ऐसा दूसरा शब्द बता नहीं दिया जाता। प्रोजेक्ट यह था कि युवा आबादी में कैसे छोटी-छोटी बातों के जरिए अश्लील शब्दों के प्रयोग को नियंत्रित किया जाए। कॉरपोरेट जगत् में प्रवेश करनेवाले इनमें से कई लोगों को यह आदत बहुत भारी पड़ सकती है और हो सकता है कि उनकी नौकरी भी चली जाए। छात्रों को बात-बात में अश्लील शब्दों के प्रयोग से रोकना ही इस प्रोजेक्ट की मुख्य थीम थी। इस तरह इन तीनों कॉलेजों ने छात्रों को पुराने ढर्रे के बोरिंग प्रोजेक्ट्स के बजाय ऐसे प्रोजेक्ट्स दिए, जिससे लोगों को रोजमर्रा की बुरी आदतों से छुटकारा मिले। अन्य शहर भी अपने नागरिकों को बेहतर बनाने के लिए ऐसी पहल कर सकते हैं।

फंडा यह है कि इस तरह के आदर्श प्रोजेक्ट युवा आबादी को सुधार की राह ले जा सकते हैं, जो आज के दौर में हमारे समाज के लिए बहुत जरूरी है।

□

दूसरों से प्रेरणा लेकर आगे बढ़ें हम

यह 1973 के मेरे स्कूली दिनों की बात है। मैं स्कूल बस की दुर्घटना में चोटग्रस्त चित्रा आयंगर को देखने गया था। उसके दोनों होंठों पर गहरा घाव हो गया था और एक दाँत भी टूट गया था। दरअसल, नागपुर की धर्मपीठ सड़क पर एक साइकिल रिक्शा को बचाने के लिए ड्राइवर को आपातकालीन ब्रेक लगाना पड़ा था और इससे बस में मौजूद बच्चे एक के ऊपर एक आ गिरे थे।

चित्रा सामने की तरफ बैठी थी और जब पीछे के बच्चे अचानक उस पर आ गिरे, तो उसका चेहरा सामने लगी सुरक्षा रॉड से बुरी तरह जा टकराया। उसे और सात अन्य चोटिल बच्चों को तत्काल अस्पताल ले जाया गया, जबकि उसका बड़ा भाई रवि जो पीछे बैठे रहने के कारण सुरक्षित था, उसे स्कूल ले जाया गया।

उन दिनों मोबाइल नहीं थे और लैंडलाइन फोन भी कम ही होते थे। इसलिए सारे निर्णय बस में मौजूद शिक्षक ने ही लिये और जब तक बच्चे अपने-अपने घर नहीं पहुँच गए, अभिभावकों को इसके बारे में भनक भी नहीं लग पाई। हालाँकि चित्रा मेरी ही क्लास में पढ़ती थी, लेकिन मैं बस से स्कूल नहीं जाता था। इसलिए मुझे उसके साथ पेश आई दुर्घटना के बारे में स्कूल पहुँचने के बाद ही पता चला। जब मैं उसे देखने उसके घर पहुँचा, तो वह बोल नहीं पा रही थी और आँसू बहाए जा रही थी। हमें लगा कि उसे

तकलीफ है, इसलिए उसे डॉक्टर द्वारा लिखी नींद की गोली दी गई और हमने उसे अकेला छोड़ दिया।

वक्त बीतने के साथ चोटों के निशान चले गए, लेकिन चित्रा की मुस्कान गायब हो गई थी। वह उस घटना के बाद पूरी तरह बदल गई थी। 12वीं कक्षा के बाद जब हम अलग-अलग होने लगे, तब उसने मुझे बताया कि दुर्घटना के बाद क्या हुआ था। जब वह अस्पताल से घर पहुँची, तो उसकी माँ ने दरवाजा खोला था। उन्होंने सूजे चेहरे, चोटिल जबड़े, काली आँखों और चेहरे व सफेद यूनिफॉर्म पर खून के दाग के साथ खड़ी चित्रा को देखा, परंतु उनके मुँह से पहली बात यह निकली कि 'रवि कहाँ है?' चित्रा किसी तरह बुदबुदाई, 'वह ठीक है और क्लास में है।'

चित्रा के लिए यह उसके और उसकी माँ के दरमियान एक निर्णायक क्षण था। हालाँकि उसकी माँ ने उसे अपनी बाँहों में भर रखा था, लेकिन उनके शब्द रवि के लिए थे। उस दिन से उसके दिल में यह बात बैठ गई कि वह रवि से कम महत्त्वपूर्ण है। वह अलग सोने लगी।

अभिभावकों ने सोचा कि शायद यह बढ़ती उम्र का तकाजा है, लिहाजा उन्होंने इसकी ज्यादा परवाह नहीं की। इससे चित्रा को और ज्यादा आघात लगा। वह अपनी माँ से और दूर होती गई। वास्तव में चित्रा को देखते ही उसकी माँ यह समझ गई थीं कि उसके घाव गंभीर नहीं हैं और जल्द ही भर जाएँगे। लेकिन उन्हें चिंता यह थी कि रवि कहाँ रह गया? आखिर ऐसा कैसे हो सकता है कि बस दुर्घटनाग्रस्त हो, तो एक को चोट लगे और दूसरे को खरोंच भी न आए!

माँ के लिए चित्रा तो उनके पास थी, लेकिन रवि उनकी पहुँच से दूर था। असल में वह उसे अपनी आँखों से देखकर आश्वस्त होना चाहती थीं। चित्रा तब माँ की इस दुविधा को नहीं समझ पाई थी।

वह इस बात को 30 साल बाद समझ पाई, जब वह खुद दो बच्चों की माँ बन चुकी थी। सौभाग्य से चित्रा की माँ तब जीवित थीं और चित्रा उनसे अपने दिल की बात कहकर माफी माँग सकी थी।

फंडा यह है कि हम हमेशा पुरानी चीजों को क्यों दोहराते हैं? आखिर हम दूसरों की उपलब्धियों या नाकामियों से प्रेरणा लेते हुए अपनी गलतियों को क्यों नहीं सुधार सकते? यदि हम ऐसा करें, तो हमें कुछ बातों पर अपनी ऊर्जा नहीं खपानी पड़ेगी।

□

बड़े सबक सिखाती हैं, छोटी-छोटी बातें

जब से मैंने होश सँभाला, अपने घर में शीशे की एक बोतल हमेशा देखी। उसमें मेरे माता-पिता बाजार से खरीदारी करके लौटने के बाद बचे हुए चिल्लर डाला करते थे। हर महीने इस तरह उसमें अमूमन पाँच-दस रुपए तक इकट्ठे हो जाते थे, जिन्हें मेरी माँ डाकघर में जमा कर देती थी। इस प्रक्रिया में मैं भी बढ़-चढ़कर हिस्सा लेता और बदले में मुझे कुछेक टॉफियाँ मिलती थीं। इसके वशीभूत होकर मैं उस बचत प्रक्रिया को धीरे-धीरे अपने जीवन में भी उतारने लगा था। बच्चा होने के कारण मुझे सिक्कों की खनखनाहट सुनने में बहुत मजा आता था। मेरे माता-पिता का मानना था कि बोतल में पड़े सिक्कों की मदद से मेरी जिंदगी उनकी जिदंगी से कहीं बेहतर कटेगी।

यही वजह थी कि वे अकसर मुझसे बोतल में सिक्के डालने को कहा करते थे। मेरे द्वारा हर बार सिक्के डालने के बाद मेरी माँ मुझसे कहती, 'इन्हीं एक, दो और तीन पैसे रूपी सिक्कों के बल पर तुम एक दिन कॉलेज जरूर जाओगे।' इसी तरह साल-दर-साल बीतते गए और कॉलेज की पढ़ाई खत्म होते ही मुझे मुंबई में नौकरी मिल गई। कुछ समय बाद जब मैं कुछ दिनों की छुट्टियों में अपने माँ-बाप के पास नागपुर गया, तो मुझे वह शीशे की बोतल घर में दिखाई नहीं दी। मुझे लगा कि उस बोतल का उद्देश्य पूरा हो चुका है, इसलिए उसे हटा दिया गया है। इस विचार के साथ ही मुझे मेरे गले में कुछ फँसा हुआ सा लगा। खैर, कुछ समय बाद मेरी शादी हो गई। मैंने बोतल और

उसमें डाले जाने वाले सिक्कों की कहानी अपनी पत्नी को सुनाई। इसके बाद मैं बाजार से उस जैसी ही एक बोतल खरीदकर लाया। मुझे याद आ रहा था कि भले ही कितनी ही समस्या क्यों न हो, मेरे अभिभावक बोतल में सिक्के डालने से नहीं चूकते थे। बचपन में कई बार हमें दही-चावल और अचार से अपनी भूख शांत करनी पड़ती थी। ऐसे हर मौके पर मेरे पिताजी बोतल को देखते हुए मुझसे कहते, 'जब तुम कॉलेज की पढ़ाई खत्म कर लोगे, तो जब तक तुम्हारा मन नहीं करेगा, तुम्हें दही-चावल और अचार नहीं खाना पड़ेगा।'

इन्हीं यादों के साये तले मेरे घर में एक बेटी आ गई। उसके जन्म के बाद पहली दिवाली पर हम अपने माँ-बाप के घर आए। रात को खाना खाने के बाद सोफे पर मेरे माता-पिता बैठे अपनी नन्ही लाड़ली संग खेल रहे थे, जो तीसरी पीढ़ी की पहली निशानी थी। अचानक मेरी बेटी उनकी गोद में कुनमुनाई, तो मेरी पत्नी बोली, 'शायद इसने डायपर गीला कर लिया है, मैं इसे बदलकर लाती हूँ।' इसके बाद वह बच्ची को लेकर बेडरूम में चली गई। कुछ देर बाद जब वह वापस आई, तो उसकी आँखों में नमी सी थी। उसने बच्ची को पिताजी की गोद में दिया और मेरा हाथ पकड़कर मुझे खींचते हुए बेडरूम में ले गई। उसने एक तरफ इशारा करते हुए कहा, 'देखो।' जब मैंने उस तरफ देखा तो मेरे आश्चर्य का ठिकाना नहीं रहा। कमरे के उस कोने में वही पुरानी शीशे की बोतल रखी हुई थी, जिसमें पहले की तरह सिक्के थे, जो कि अब एक, दो या तीन पैसे के न होकर पाँच, दस रुपए के सिक्के थे। मैं सम्मोहित सा उस बोतल की तरफ बढ़ा और अपनी जेब से सारे सिक्के निकालकर उसमें डाल दिए। मेरी आँखों में भी नमी सी थी और इसी बीच पिताजी बाँहों में मेरी बेटी को लिये कमरे में आए। हमारी नजरें मिलीं और मुझे लगा कि वह भी उस क्षण मेरी तरह ही भावनाओं के ज्वार में गोते लगा रहे थे।

फंडा यह है कि घर में डाली गई छोटी-छोटी आदतें हमें जिंदगी के बड़े सबक सिखाती हैं। इनमें दृढ़ संकल्प, विश्वास और बचत प्रमुख रूप से शामिल हैं।

□

बच्चों की प्रेरणा बन सकते हैं ओलंपिक

लगभग हर घर में बच्चे दीवानों की तरह टीवी से चिपके रहते हैं या घंटों वीडियो गेम खेलते हैं। यह देखकर कई अभिभावकों का ब्लड प्रेशर बढ़ता रहता है। वास्तव में हम अभिभावक इस दीवानगी को दूर करने का एक सर्वमान्य हल खोजने में नाकाम रहे हैं। इस क्रम में हालिया संपन्न लंदन ओलंपिक ने मुझे एक नया सबक सिखाया है। हमारे देश में तो खेलों का मतलब क्रिकेट है। यही वजह कि यहाँ क्रिकेटर्स को भगवान सरीखा दर्जा प्राप्त है। इसके बावजूद ओलंपिक की शुरुआत के साथ ही हमारे देश में भी क्रिकेट समाचार-पत्रों के भीतरी पन्नों तक सिमटकर रह गया। खबरिया चैनलों ने भी क्रिकेट को कम तवज्जो दी। और तो और, ओलंपिक खेलों के ऑफिशियल ब्रॉडकास्टर बीबीसी ने इस खास मौके के लिए पूरे इंग्लैंड में खेलों को समर्पित 24 सामान्य और इतने ही एचडी चैनल शुरू किए। दूसरे शब्दों में कहें तो ओलंपिक दर्शकों के लिए नॉनस्टॉप एंटरटेनमेंट सरीखा था, तो मीडिया मैनेजमेंट के लिए किसी बड़े त्योहार जैसा।

गौरतलब है कि 1896 में ओलंपिक का अर्थ 'पुरुष खिलाड़ियों के लिए उल्लास' के अवसर सरीखा था। महिलाएँ खिलाड़ियों के उत्साहवर्धन तक सीमित थीं। 1924 में पहली बार सौ महिला खिलाड़ियों ने शिरकत की।

1972 में महिला खिलाड़ियों की संख्या ने एक हजार का आँकड़ा पार किया, तब भी ओलंपिक में भाग लेने वाले महिला-पुरुष खिलाड़ियों का अनुपात एक पर छह का ही था। लेकिन इसके बाद स्थिति बदलनी शुरू हुई। ओलंपिक 2012 में तो 26 खेलों में बतौर प्रतिभागी शामिल होने वाली महिला खिलाड़ियों का अनुपात 44 फीसदी था। लंदन ओलंपिक में ही पहली बार महिला मुक्केबाजी प्रतिस्पर्धा को स्थान मिला। इसमें भारतीय महिला मुक्केबाज मेरीकॉम कांस्य पदक हासिल करने में सफल रहीं।

ओलंपिक के प्रति वैश्विक उत्साह से क्रिकेट आयोजक भी परिचित हैं। इसी कारण वे दो दशक से ओलंपिक में क्रिकेट को शामिल करने की पैरवी कर रहे हैं, लेकिन उन्हें नाकामी ही हाथ लगी है। इसकी प्रमुख वजह कम देशों द्वारा क्रिकेट को खेला जाना है। ट्वेंटी-20 वर्जन की शुरुआत के वक्त एडम गिलक्रिस्ट, स्टीव और मार्क वॉ जैसे दिग्गजों को उम्मीद थी कि इससे क्रिकेट को ओलंपिक में जगह मिल जाएगी। लेकिन जबरदस्त पैसे और प्रशंसकों की संख्या के बावजूद क्रिकेट ओलंपिक में जगह नहीं बना पाया है। यही कारण है कि ओलंपिक के दौरान क्रिकेट समाचार-पत्रों के मुख्य पृष्ठ और खबरिया चैनलों के प्राइम टाइम से लगभग गायब रहा।

अगर आप पूर्वी भारत, खासकर मणिपुर जाएँ, तो वहाँ प्रदेश सरकार द्वारा विभिन्न खेलों के लिए जुटाई गई सुविधाओं की प्रशंसा किए बगैर नहीं रह सकेंगे। उन्होंने ऐसी सुविधाएँ और आधारभूत ढाँचा जुटाया है, जो हमारे महानगरों के स्पोर्ट्स कांप्लेक्स को फीका कर सकता है। देश के अन्य हिस्सों की तुलना में इस हिस्से के बच्चों की खेलकूद में ज्यादा भागीदारी है। इन इलाकों में कंप्यूटर, वीडियो गेम्स और फेसबुक की उपस्थिति है, लेकिन वहाँ ज्यादातर बच्चे वर्चुअल दुनिया की अपेक्षा खेल के मैदान में ज्यादा समय बिताना श्रेयस्कर समझते हैं।

फंडा यह है कि मणिपुर में बच्चे कंप्यूटर या वीडियो गेम रूपी वर्चुअल दुनिया के सापेक्ष खेल के मैदान में ज्यादा समय बिताते हैं। अगर आपको लगता है कि आपके बच्चे वर्चुअल दुनिया के लती हो रहे हैं, तो क्रिकेट के सापेक्ष ओलंपिक की लोकप्रियता और मणिपुर में खेल सुविधाओं के बारे में सोचें। मीडिया भी इसी कारण क्रिकेट से ज्यादा ओलंपिक को तरजीह देता आ रहा है।

□

बच्चों की परवरिश में लें अहिंसा का सहारा

महात्मा गांधी के पौत्र और गांधी इंस्टीट्यूट ऑफ नॉन वॉयलेंस के संस्थापक डॉ. अरुण गांधी ने प्यूर्टोरिकी विश्वविद्यालय में दिए एक व्याख्यान में बच्चों के पालन-पोषण में अहिंसा के योगदान को रेखांकित किया है। इस किस्से को उन्हीं के शब्दों में पेश किया जा रहा है।

एक दिन मेरे पिता ने मुझे कार से शहर छोड़कर आने को कहा। वहाँ उन्हें एक कॉन्फ्रेंस में शिरकत करनी थी। जब मैंने उन्हें कार्यक्रम स्थल पर छोड़ा, तो वे मुझसे बोले, 'शाम को पाँच बजे आ जाना। हम साथ घर चलेंगे।' मैंने अपने काम निपटाए और उसके बाद पास के एक सिनेमाघर में फिल्म देखने चला गया। वहाँ जॉन वेन की फिल्म लगी थी। फिल्म देखने में मैं इतना रम गया कि मुझे समय का होश नहीं रहा। साढ़े पाँच बजे मुझे पिताजी को लेने की याद आई। मैं फिल्म छोड़कर भागा और पार्किंग से कार निकालकर जब तक उनके पास पहुँचा, शाम के छह बज चुके थे। वह मेरा बेसब्री से इंतजार कर रहे थे। मुझे देखते ही उन्होंने बेहद चिंतित स्वर में पूछा, 'कहाँ रह गए थे ?' मुझे सच्चाई बताने में शर्म आ रही थी, सो मैंने बोल दिया कि कार खराब हो गई थी, उसे ठीक करा रहा था ? मुझे इस बात का कतई अहसास नहीं था कि पिताजी गैराज में फोन कर पहले ही मेरे बारे में पूछताछ कर चुके हैं।

मुझे झूठ बोलता देख वह बोले, 'मेरी ओर से तुम्हारी परवरिश में जरूर

कोई कमी रह गई है, जो तुम मुझसे सच नहीं कह पा रहे हो। मुझसे कहाँ चूक हुई, इस पर सोच-विचार करने के लिए मैं 18 मील पैदल चलकर घर जाऊँगा।' इतना कहकर वे उबड़-खाबड़ रास्ते पर पैदल ही चल पड़े। मैं उन्हें छोड़कर भी नहीं जा सकता था, सो मैं भी उनके पीछे-पीछे कार को धीमी गति से लेकर चल पड़ा। मुझे बार-बार अपने पर ग्लानि हो रही थी कि महज एक झूठ के कारण मेरे पिता को इस कदर मानसिक संताप से गुजरना पड़ रहा है। इसके बाद मैंने प्रण कर लिया कि अब जिंदगी में कभी भी झूठ नहीं बोलूँगा। आज भी मैं जब उस किस्से को याद करता हूँ और सोचता हूँ कि यदि उन्होंने मुझे वैसे ही सजा दी होती, जैसी आजकल के अभिभावक अपने बच्चों को देते हैं, तो क्या मैं झूठ नहीं बोलता। लेकिन उस एक अहिंसक अस्त्र ने मुझे गहरे तक झकझोरकर रख दिया। वह इतनी प्रभावी सजा थी कि मुझे लगता है कि जैसे वह कल की ही बात हो। अंहिसा की ताकत इससे समझी जा सकती है।

आक्रामक व्यवहार की प्रतिक्रिया होती है। घर के नियम-कायदे तोड़ने जैसी बातें बच्चों से आवेश में होती हैं। इसके बदले अगर उनसे आक्रामक व्यवहार किया जाएगा, तो प्रतिक्रिया स्वरूप हिंसा और बढ़ेगी। समाजशास्त्रियों का मानना है कि नैतिक मूल्यों की कमी, पारिवारिक मूल्यों का विघटन और एकल परिवार से बच्चों में पनपने वाला अकेलापन ही आक्रामकता के लिए जिम्मेदार है। अकसर अभिभावक बच्चों की गलती पर उन्हें मारते-पीटते हैं। कुछ बच्चों की गलती पर खुद खाने-पीने से इनकार कर अपने को सजा देते हैं। स्वामी सुखबोधानंद के मुताबिक यह भी एक प्रकार की हिंसा है। इससे हमें बचना चाहिए और बच्चों के प्रति ऐसा रवैया अपनाना चाहिए कि उन्हें खुद ही अपनी गलती का अहसास हो, ताकि भविष्य में वे उसे दोहराने से बच सकें।

फंडा यह है कि कुछ मौकों पर आप बतौर अभिभावक अपने बच्चों में अनुशासन की समझ अहिंसा के जरिए ही विकसित कर सकते हैं।

□

सर्वांगीण विकास हो बच्चों का

आपने कभी बच्चों द्वारा बिताए गए समय को मैनेजमेंट इन्फॉर्मेशन सिस्टम (एमआईएस) के आईने से देखा है ? ऐसा करने से रोचक जानकारी मिलेगी। उदाहरण के तौर पर बच्चों के पास हफ्ते के छह दिन में 168 घंटे होते हैं। इसमें उनके सोने के जरूरी आठ घंटे शामिल करें, तो 56 घंटे इसमें खर्च होते हैं। अब बचे 112 घंटे। स्कूल में औसतन 38 घंटे। बचते हैं 74 घंटे। इसमें कुछ समय स्कूल आने-जाने में खर्च होता है, जो घर से स्कूल की दूरी पर निर्भर करता है। औसतन 1.20 घंटे मानने पर इसमें भी आठ घंटे खर्च होते हैं। अब बचे 66 घंटे। होमवर्क में हफ्ते भर में 15 घंटे खर्च होते हैं। इस तरह बच्चे के पास बचते हैं 51 घंटे। इसमें दैनिक नित्य क्रियाओं मसलन, नहाने-धोने, ब्रश करने, नखरे दिखाने और खिड़की से बाहर यूँ ही देखने में सात दिनों में वे 21 घंटे खर्च करते हैं। इसके बाद उनके पास हफ्ते भर में 30 घंटे बचते हैं।

अब प्रश्न उठता है कि बच्चा कितने घंटे टीवी देखता है ? कामकाजी अभिभावकों के घर में हफ्ते में बच्चा 20 से 26 घंटे टीवी देखता है। इसमें उसके द्वारा मोबाइल और वीडियो गेम्स खेलते हुए बिताया गया समय भी शामिल है। इस अवधि को घटा देने के बाद बच्चे के पास महज चार घंटे खेलने के लिए बचते हैं, वह भी हफ्ते भर में। अब जरा आप बताएँ कि बच्चे को अपने शारीरिक विकास के लिए समय कब मिलता है ? इन आँकड़ों की दूसरी तस्वीर पर गौर फरमाएँ। बच्चों की वर्तमान पीढ़ी जब दूसरी क्लास में पहुँचती है, तो उसके वजन में 30 फीसदी की बढ़ोतरी हो चुकी होती है। जबकि 20 साल पहले दूसरी क्लास

के बच्चों के वजन में ऐसी बढ़ोतरी देखने में नहीं आती थी। ऐसे कई निष्कर्ष सर्वे में भी सामने आ चुके हैं। इसी तरह जब वे चौथी क्लास में पहुँचते हैं, तो 20 साल पहले की तुलना में उनकी कमर काफी बढ़ चुकी होती है। जाहिर है कि हफ्ते में महज चार घंटे जब खेलने के लिए मिलेंगे, तो आप उनसे और क्या उम्मीद कर सकते हैं?

मुझे याद है जब मेरे जमाने में अधिसंख्य लोग टीवी खरीद 'बुनियाद' जैसे धारावाहिकों से चिपके रहते थे, तब मेरे परिवार ने एक सर्वसम्मत निर्णय लिया था। यह निर्णय था टीवी न खरीदने का। इसी तरह जब देश में केबल टीवी का आगाज हुआ, तो मेरे दादाजी को कई लोगों ने इसके लिए तैयार करना चाहा। लेकिन मेरे सेवानिवृत्त आर्मी अफसर दादाजी ने उनकी बातों पर कान नहीं दिए। उनका दृढ़ विश्वास था कि टीवी का कोई शैक्षणिक महत्त्व नहीं है, खासकर जब तक आप बच्चों द्वारा देखे जाने वाले कंटेंट पर निगाह न रखें। उनका कहना था कि वैसे भी बच्चों पर हफ्ते में 61 घंटे लगातार निगाह रखी जाती है। इसमें स्कूल में बिताया जाने वाला समय और घर पर किए जाने वाले होमवर्क की अवधि शामिल है। वह अकसर चिल्लाकर कहते थे कि आखिर एक बच्चे पर और कितनी निगाह रखोगे? मैं यह नहीं कह रहा हूँ कि आप सब टीवी मुक्त जिंदगी जीएँ। यहाँ बात महज बच्चों के सर्वांगीण विकास की है। बच्चों को एक्सपोजर का मौका दें। उन्हें स्वयं निर्णय करने दें कि वे टीवी देखते हुए मोटापे का शिकार होना चाहते हैं या शारीरिक रूप से सक्रिय रहते हुए स्वस्थ वयस्क में तब्दील होना चाहते हैं।

फंडा यह है कि एमआईएस के बल पर व्यापार में सतत विकास पर ही निगाह नहीं रखी जाती। यह हमारे दैनिक जीवन का भी अभिन्न अंग है। इसे अपनी जिंदगी में आत्मसात् कर हम अगली पीढ़ी को विकसित होने के भरपूर मौके दे सकते हैं। ध्यान रखें कि आज के दौर में समृद्धि का नया मंत्र है और यह है स्वस्थ व फिट रहना।

□

संघर्ष और परिश्रम बनाता है मजबूत

स्टोरी नंबर 1—एक बार एक आदमी अपने घर के बगीचे में टहल रहा था। अचानक उसे एक पेड़ की टहनी से लटकता हुआ तितली का एक कोकून दिखाई दिया। इसके बाद हर रोज वह उसे देखने लगा। एक दिन वह वहीं बैठ गया और घंटों उसे देखता रहा। उसने देखा कि तितली उस खोल से बाहर निकलने की बहुत कोशिश कर रही है, पर बहुत देर तक प्रयास करने के बाद भी वह उस छेद से नहीं निकल पाई। फिर वह बिल्कुल शांत हो गई। मानो उसने हार मान ली हो। यह देख उस आदमी ने निश्चय किया कि वह उस तितली की मदद करेगा। उसने एक कैंची उठाई और कोकून के मुँह को इतना बड़ा कर दिया कि वह तितली उससे आसानी से बाहर निकल सके। यही हुआ भी, तितली बगैर किसी और संघर्ष के आसानी से बाहर निकल आई, पर उसका शरीर सूजा हुआ और पंख सूखे हुए थे। वह आदमी तितली को यह सोचकर देखता रहा कि वह किसी भी वक्त अपने पंख फैलाकर उड़ने लगेगी। हालाँकि ऐसा कुछ नहीं हुआ। इसके उलट बेचारी तितली कभी उड़ ही नहीं सकी और उसे अपनी बाकी की जिंदगी इधर-उधर घिसटते हुए बितानी पड़ी। दरअसल, वह आदमी अपनी दया और जल्दबाजी में यह समझ नहीं पाया कि कोकून से निकलने की प्रक्रिया को प्रकृति ने इतना कठोर इसलिए बनाया है ताकि ऐसा करने से तितली के शरीर में मौजूद तरल उसके पंखों में पहुँच सकें और वह छेद से बाहर निकलते ही उड़ सके।

स्टोरी नंबर 2—गौतम दलाल का जन्म एक ऐसे परिवार में हुआ, जहाँ

समृद्धि और रईसी हर तरफ फैली हुई थी। कह सकते हैं कि गौतम पर अंग्रेजी की कहावत 'बॉर्न विद एक सिल्वर स्पून' हर लिहाज से खरी उतरती थी। उसके परिवार के राजनीतिक ताल्लुकात भी गहरे थे। (पहचान छिपाने के लिए संबंधित शख्स का सही नाम और कंपनी के बारे में नहीं बता रहे हैं।) गौतम पढ़ाई में औसत छात्र भी नहीं था, लेकिन अपने पिता के प्रभाव के चलते उसे हर साल प्रमोट किया जाता रहा। वह वयस्क होने पर एक आकर्षक युवक में तो तब्दील हो गया, लेकिन पढ़ाई–लिखाई के क्रम में वह कच्चा ही रहा। विरासत में बड़ा कारोबार होने के नाते उसे कंपनी में दूसरी पीढ़ी के निदेशक बतौर प्रवेश भी मिल गया। लेकिन गुजरते समय के साथ उसका अहं कंपनी के अन्य वरिष्ठ और समर्पित कर्मचारियों तथा अधिकारियों पर भारी पड़ने लगा। नतीजतन धीरे–धीरे सभी पुराने लोग कंपनी को छोड़कर जाने लगे। उसके पिता ने इस बात को महसूस किया और उसे एमबीए करने के लिए अमेरिका भेज दिया। वहाँ उस युवक को अपने पिता के एक मित्र की कंपनी में प्रबंधक के रूप में तीन साल काम करना पड़ा। इन सालों में उसका अहं हवा में कपूर की तरह उड़ चुका था। इस दौरान इनसानी रिश्तों, मालिक और कर्मचारियों के संबंध आदि के बारे में उसका नया नजरिया विकसित हुआ। इसके बाद जब वह बतौर सीएमडी अपनी कंपनी में वापस लौटा, तो बिलकुल बदला हुआ इनसान था।

फंडा यह है कि हमारे जीवन में संघर्ष ही वह चीज होती है, जिसकी हमें सचमुच जरूरत होती है। यदि हम बिना किसी संघर्ष के सबकुछ पा लेंगे, तो एक अपंग के समान हो जाएँगे। बिना परिश्रम और संघर्ष के हम कभी उतने मजबूत नहीं बन सकते, जितनी हमारी क्षमता है। इसलिए जीवन में आने वाले कठिन पलों को सकारात्मक दृष्टिकोण से देखिए। वह हमें कुछ ऐसा सिखा जाएँगे, जो जिंदगी की उड़ान को हर संभव ऊँचाई देगा। ऐश-ओ-आराम की जिंदगी और हद से ज्यादा लाड़-प्यार सीखने और संघर्ष की क्षमता को प्रभावित करता है।

□

ईटिंग आउट माँ का विकल्प नहीं लेकिन रिश्तों को मजबूती देने का समय है

एक हफ्ते के लिए मैं लंदन में अपनी सिस्टर-इन-लॉ के घर गया था। मैं वहाँ पहुँचा ही था कि बुरी खबर आई—भारत में उसके पैरेंट्स की तबीयत बिगड़ गई है। मुझे उसके 7 और 12 साल के बेटों की जिम्मेदारी सौंपी गई। उन्हें कोई तकलीफ नहीं होगी, मेरे इस आश्वासन पर वे रवाना हुए।

छोटा बच्चा निराश हो गया था। लेकिन उसका ज्यादा अनुभवी बड़ा भाई हालात समझता था। उसने छोटी अवधि के लिए दूर जाने पर पैरेंट्स को कभी मिस नहीं किया था। उसके ग्रैंड पैरेंट्स बहुत ही कोमल हृदय हैं और उसे बहुत प्यार करते हैं। जब भी माँ घर पर नहीं होती तो उसके पिता उसे बाहर ले जाते। पसंदीदा कार्टून शो देखने को मिलते। उसने चुपके से छोटे भाई को कोहनी मारी और दोनों कमरे से बाहर निकल गए। स्पष्ट है कि बड़े भाई ने पैरेंट्स के बिना जिंदगी की खूबसूरत तस्वीर बना ली थी। भले ही पैरेंट्स की अपने बारे में बनाई तस्वीर को क्षति पहुँची हो, लेकिन क्या करें लड़के लड़के ही होते हैं।

बड़ा भाई पूछ रहा था, 'आप कब निकल रही हो, माँ?' मेरा भी ध्यान इस पर गया। इसमें ऐसा कोई संकेत नहीं था कि बच्चे को पैरेंट्स द्वारा पीछे छोड़कर जाने से घबराहट हो रही है। माँ हैरान थी। उसके हाव-भाव देखकर

मैंने उनका बचाव किया, 'भारत में आपके पैरेंट्स आपको देखकर खुश होंगे, होंगे न?'

उनकी माँ उन्हें रोज फोन करती थी। चूँकि पैरेंट्स की सेहत सुधर रही थी, उसने यात्रा अवधि दो दिन कम की और घर लौट आई। वापसी की फ्लाइट में उसने सोचा होगा कि वह बच्चों पर नाराज नहीं होगी। डाँटेगी नहीं। भले की कमरे का सामान बिखरा हुआ हो। दोनों की हालत बहुत बुरी ही क्यों न हो।

लेकिन जैसे ही उसने घर में प्रवेश किया, वह चकाचक दिखा। बिस्तर अपनी जगह था। टेबल पर कोई गंदगी नहीं थी। किचन चमचमा रहा था। उसने कहा, 'जब मैं होती हूँ तब भी घर इतना साफ नहीं रहता। मैं बहुत प्रभावित हुई। यह सब सच में बहुत ही अच्छा है।'

बड़े भाई ने कहा, 'हर रोज घर ऐसे ही साफ-सुथरा रहा।' उसने माँ के फुलाए खुशनुमा अहसास के गुब्बारे को भी फोड़ दिया। छोटा भाई धीरे से अपने कमरे से बाहर आया और पूछ बैठा, 'आज आप क्यों आ गईं?' आखिर में बोल पड़ा, 'अकंल हमें लंच के लिए बाहर ले जा रहे थे!'

ओह, तो इसने उसे निराश किया। कुछ पल के लिए मैंने भी उसकी माँ के चेहरे पर आहत होने की भावना को अनुभव किया—अनचाहे जैसा अहसास। मैंने उससे उसके छोटे से दिमाग की ओर से सबकुछ देखने को कहा—सभी लंच के लिए बाहर जाने को लेकर उत्साहित थे। पैरेंट्स ने दो दिन पहले आकर उनकी योजना को धराशायी कर दिया। उन्हें लग रहा होगा कि अब उनका लंच घर पर ही होगा। कितना बोरिंग है!

मैंने सुझाव दिया कि वह खुद ही बाहर जाने की पेशकश करे, क्योंकि वह फ्लाइट में दस घंटे के सफर से थक चुकी है। माहौल थोड़ा हलका हुआ। बच्चा अपनी माँ के पास दौड़कर गया। उसे गले लगा लिया। सात साल के बच्चे ने कहा, 'आप लौट आए, इससे मुझे बहुत खुशी हुई।' मैं जानता हूँ कि वह दिल से बोल रहा था।

फिर मैंने उससे पूछा, 'क्या निर्धारित कार्यक्रम से दो दिन पहले आपके लौटने पर आपके पैरेंट्स ने भी ऐसा भी नहीं सोचा होगा? आपने अपने बच्चों

को उन पर तरजीह दी। इसी तरह का अहसास आपको हुआ जब बच्चे ने बाहर जाकर खाना खाने को माँ ने तवज्जो दी।'

वह समझ गई। डाइनिंग टेबल पर दोनों बच्चे मुझे अकेला छोड़कर अपने पैरेंट्स से जाकर चिपक गए। मैंने धीरे से अपने फोन, फेसबुक और मेल पर काम करना शुरू कर दिया। क्योंकि बाहर खाना खाना हमेशा से ही एक परिवार के लिए रिश्तों को मजबूती देने का समय होता है। मैंने यह भी महसूस किया कि यह माँ के हाथ से बने खाने की जगह नहीं ले सकता।

फंडा यह है कि रिश्तों को मजबूती देने के लिए ईटिंग आउट श्रेष्ठ समय होता है। यह पिता-बेटी, माँ-बेटे के क्षण होते हैं। आजकल लंच या डिनर के लिए बाहर जाना सामान्य हो गया है। सुविधाजनक होने की वजह से यह अकसर होता है। मुझे लगता है कि इसने रिश्तों को मजबूती देने की प्रक्रिया गँवा दी है। क्या मैं सही हूँ? मैं नहीं जानता।

□

असामान्य विषयों की जानकारी से उपजती दिलचस्प बहस

पिछले दिनों दीपावली की छुट्टियों पर मेरे यहाँ घूमने आई मेरी छह वर्षीय भानजी अकसर अपनी नर्सरी राइम्स गुनगुनाती रहती थी। इन्हें सुनते हुए एक दिन मेरे जेहन में अचानक एक विचार कौंधा। उसके द्वारा गुनगुनाई जानेवाली ये तमाम राइम्स हिंसा या क्रूरता से जुड़ी थीं। मिसाल के तौर पर 'हंप्टी डंप्टी' गिरने की वजह से सिर में घातक चोट की बात करती है, 'जैक एंड जिल' पहाड़ी से दो बच्चों के लुढ़कने की त्रासदी से जुड़ी है, 'रॉक-ए-बाय बेबी' में पेड़ की ऊँचाई से जमीन पर झूले के गिरने का जिक्र है, वहीं 'सिंपल सिमॉन' में जीभ व उँगली चोटिल हो जाती हैं।

टूटे हुए क्राउन के साथ जैक, टूटा हंप्टी डंप्टी, पेड़ की शाखा से एक बच्ची का झूले के साथ जमीन पर धड़ाम से आ गिरना, गिरता हुए लंदन ब्रिज, जूते में रहनेवाली एक बुढ़िया जो अपने बच्चों को सजा देती है, एक बूढ़े आदमी को अपनी प्रार्थनाएँ न दोहराने के लिए सीढ़ियों से धकेलना, किसी की पत्नी को एक कद्दू के भीतर रख देना, एक पुसी कैट को कुएँ में फेंक देना और इसके अलावा रोबिन नामक रसोइए की हत्या कर देना। आखिर बच्चों की किताबों में कितनी क्रूरता आ गई है! इनमें से कुछ राइम्स सदियों पुरानी हैं और उनकी उत्पत्ति का मूल जानना मुश्किल है। इनमें से

ज्यादातर व्यंग्यात्मक हैं, जिनमें सत्ताधीशों के खिलाफ विरोध का संदेश निहित है, या फिर से इतिहास के कुछ दुखद पलों की स्मृतियाँ हैं। 'बा बा ब्लैक शीप' को मध्ययुगीन ऊन 'कर' की मुखालिफत करने की तरह देखा जाता है। 'रिंग-अ रिंग-ओ रोजेस' संभवत: 1348 की काली मौत या 1665 में फैली प्लेग की महामारी का हवाला देती है। ऐसा सिर्फ अंग्रेजी कविताओं के साथ ही नहीं है। हमारे देश की भाषाओं में भी इस तरह की कविता की मिसाल मिलती है। मसलन, एक बंगाली कविता है, जो बोरगिस समूह के भय को दरशाती है। यह समूह दक्षिण की ओर से घोड़े पर सवार होकर आता था और पूरब के गाँवों को लूटता था। इस तरह की और भी कई हिंसक कविताएँ हैं। मसलन, एक कविता में श्यामला अपने बेटों को रोता हुआ छोड़ शॉपिंग करने के लिए चली जाती है। वह अपने बच्चों को ताकीद करती है कि यदि उन्होंने रोना बंद नहीं किया तो उन्हें खूब पीटेगी। मुझे यकीन है कि दूसरी भाषाओं में भी इस तरह की कविताएँ होंगी। आश्चर्यजनक ढंग से इनमें से कोई कविता बच्चों के लिए नहीं बनी, जैसा कि मुझे लगता है। यदि आप इन नर्सरी राइम्स को गौर से सुनें तो आपको इनमें भय और डरावने व्यवहार का एक खास तत्त्व नजर आएगा, लेकिन वह संदर्भ बहुत अहम हो सकता है, जिसके तहत इसे बच्चों तक पहुँचाया जाता है। नर्सरी राइम्स सुनते वक्त बच्चे अमूमन अपने मम्मी या पापा की गोद में या सोफा पर आराम से बैठे होते हैं। इन बच्चों के माता-पिता इस राइम्स को पढ़ते हुए पूरे साउंड इफेक्ट के साथ तरह-तरह की मुद्राएँ बनाते हुए इसके भाव को उनके समक्ष जाहिर करने की कोशिश करते हैं। इस तरह से बच्चा इन नर्सरी राइम्स के डर और रोमांच के अनुभव का आनंद लेने लगता है और वह बनावटी उग्रता और असल उग्रता के बीच फर्क करना भी सीख जाता है। 'यंग माइंड्स' नामक चैरिटी से जुड़े ली मिलर द्वारा वर्षों पहले कही गई एक बात मुझे आज भी अच्छी तरह याद है। उन्होंने कहा था, 'नर्सरी राइम्स का सबसे अहम तत्त्व यह तय करना है कि बच्चों का अपने जीवन से जुड़े प्रमुख वयस्क लोगों के संबंध में आचरणवादी विकास किस तरह होता है।' 1989 के आसपास किए गए एक सर्वे में ब्रिस्टल रॉयल बाल-चिकित्सालय की टीम ने पाया कि नर्सरी

राइम्स में उग्रता की बारंबारिता टीवी कार्यक्रमों (जो उन दिनों रात नौ बजे से पहले दिखाए जाते थे) के मुकाबले 10 गुना तक ज्यादा है। इसके बाद हुए एक और सर्वे में कहा गया कि नर्सरी राइम्स में 44 फीसदी हिंसा है, जबकि दिन में किसी भी वक्त प्रसारित होनेवाले टीवी कार्यक्रमों में 50 फीसदी तक हिंसा होती है।

फंडा यह है कि आपसी मेल-मुलाकात के अवसरों पर हम इस तरह के किसी मुद्दे को उठा सकते हैं, जो आखिरकार बौद्धिक चर्चाओं का विषय बन सकता है। जैसे कि इस वीकेंड पर नर्सरी राइम्स का विषय चर्चा का अहम मुद्दा बन गया है।

□

नई पीढ़ी के साथ बातचीत करना भी एक कला है

25 नवंबर की शाम मैं अपनी छह वर्षीय भानजी को गेटवे ऑफ इंडिया घुमाने लेकर गया। हमारे वहाँ पहुँचने तक सूर्यास्त होने लगा था और 26/11 के शहीदों की स्मृति में कैंडल-मार्च की तैयारियाँ चल रही थीं। मेरी नन्हीं भानजी ने मुझसे 26/11 के बारे में कई सवाल पूछे, जिनमें से कुछ का तो मैंने जवाब दिया और कुछ सवालों को टाल दिया। वहाँ से मैंने एक किताब ली, जिसमें 26/11 से जुड़े उन भयावह दिनों की तमाम तस्वीरें व गाथाएँ दर्ज थीं।

घर लौटने पर वह तुरंत बिस्तर में जाकर सो गई, जबकि मैं उस किताब में खो गया, जिसमें सामूहिक कब्र जैसी एक तस्वीर थी। उन पन्नों में मौत से संबंधित हजारों 'बातें' दर्ज थीं। मुझे लगा कि वह किताब लेखक के अहंकार का व्यापक स्मारक है, जिसमें मृत देहों का बेतुका संकलन है। मैं उसे बीच में ही पढ़ना छोड़ सोने चला गया।

अगली सुबह 26 नवंबर को मैंने अपनी भानजी को वह किताब हाथ में लिये पाया। वह काफी उत्सुकता के साथ हत्याओं के उन दृश्यों को निहार रही थी। मैं यह देखकर चौंक गया। मुझे समझ में नहीं आया कि वह इस तरह की किताब में आखिर क्या पढ़ रही है।

मैंने संयत स्वर में उससे किताब वापस देने को कहा। इस पर उसने तपाक से कहा, ''लेकिन क्यों?'' मैंने उसे समझाते हुए जवाब दिया, ''देखो बेटा, यह किताब बड़े लोगों के लिए है।''

''लेकिन आप तो हमेशा अपनी हर किताब मुझे पढ़ने को देते हैं। वे भी तो बड़े लोगों के लिए होती हैं।'' उसका कहना था।

''हाँ, लेकिन यह किताब बड़े लोगों द्वारा किए गए कुछ बुरे कामों के बारे में है और मैं नहीं समझता कि तुम फिलहाल इसे पढ़ने लायक हो।'' मैंने जवाब दिया।

''तो मैं इसे कब पढ़ने लायक होऊँगी?'' उसकी आँखें अभी भी किताब पर जमी थीं। ''संभवत: जब तुम 12 साल की हो जाओगी।'' यह कहते हुए मैंने वह किताब उसके हाथ से ले ली और उसे अपनी किताबों की अलमारी के सबसे ऊपर वाले खंड में रख दिया, ताकि उसका हाथ वहाँ तक न पहुँच सके। ''मैं अब भी उस तक पहुँच सकती हूँ'', उसने अपना हाथ ऊपर करते हुए कहा। ''मैं कोई कुरसी खींचकर लाऊँगी और उस पर चढ़ते हुए किताब को नीचे उतार लूँगी।'' उसने अपनी समझदारी दिखाते हुए कहा।

यह सुनकर मैंने गहरी साँस ली। जैसा कि ज्यादातर मामलों में होता है, वह सही थी। किताब को उसकी पहुँच से दूर रखने का मतलब यह नहीं कि समस्या हल हो गई, बल्कि इससे तो किताब के प्रति उसकी उत्सुकता और बढ़ जाएगी।

मैंने उसकी कत्थई आँखों में देखा और कहा, ''बेटा, तुम बहुत समझदार और स्मार्ट लड़की हो। और तुम्हें ऐसी कई चीजों के बारे में समझ है, जिन्हें तुम्हारी उम्र के बच्चे नहीं जानते। लेकिन मैं नहीं समझता कि फिलहाल तुम इस किताब को पढ़ने के लिए पूरी तरह तैयार हो। जब मुझे लगेगा कि तुम इसे पढ़ने लायक हो गई हो, मैं खुद तुम्हें यह दे दूँगा। हालाँकि इस किताब में तुमने अब तक जो भी पढ़ा है, उसके बारे में मुझसे कोई भी सवाल पूछ सकती हो।''

वह मेरी बात सुनकर कुछ सोचने लगी। मैंने किताब को नीचे उतारकर उसके समक्ष टेबल पर रख दिया और उससे कहा, ''देखो बेटा, मैंने तुम्हें

समझा दिया है कि फिलहाल तुम यह किताब क्यों नहीं पढ़ सकती। लेकिन मैं इसे तुम्हारी पहुँच से दूर नहीं, वरन् तुम्हारे सामने रख रहा हूँ। मुझे भरोसा है कि तुम इसे नहीं पढ़ोगी।'' उसने थोड़ी देर सोचा और आखिरकार सहमति में सिर हिलाते हुए बोली, ''ओके मामा, मैं इसे नहीं पढ़ूँगी। लेकिन मुझसे वादा कीजिए कि जब मैं 12 साल की हो जाऊँगी, तो आप मुझे यह पढ़ने के लिए देंगे।''

'हाँ बिलकुल'', छह साल की मोहलत मिलने पर मैंने राहत की साँस लेते हुए जवाब दिया। मेरा यकीन करें, घर के सभी सदस्य इसके बाद से उस किताब पर निगाह जमाए रहे। दिवाली की लंबी छुट्टियों के बाद 2 दिसंबर को वह वापस अपने घर चली गई। किताब अभी भी टेबल पर अनछुई रखी है।

फंडा यह है कि आप बातचीत के जरिए नई पीढ़ी को किसी बात के लिए समझा सकते हैं। यह फैसला आपको करना है कि कौन सी चीज कारगर रहेगी–ताकत या अधिकार का इस्तेमाल करना या साथ बैठकर बातचीत करना? मेरे खयाल से दूसरा विकल्प बेहतर है।

□

नई पीढ़ी को पुरानी स्मृतियों से परिचित कराएँ

पैंतालीस साल पहले की बात है। दिवाली का दिन था और भोर होनेवाली थी। मेरे दादा-दादी के कमरे के बाहर लटक रही आकाश-कंदील से छनकर आती हुई रोशनी खिड़की पर अनोखा नजारा पेश कर रही थी। मैं उठा और नंगे पैर सीधा ग्रामीण बाथरूम में घुस गया, जो इतना बड़ा था कि आप उसमें क्रिकेट खेल सकते थे।

जैसे ही मैं उस मद्धिम रोशनी वाले कमरे में पहुँचा तो मैंने पाया कि माँ पहले ही वहाँ मौजूद हैं और आग जलाने की कोशिश में लगी हैं, ताकि नहाने के लिए पानी गरम किया जा सके। उस जमाने में ताँबे की बनी हाँड़ी होती थी, जिसे दीवाली के लिए राख और गीली इमली के मिश्रण से रगड़-रगड़कर साफ किया जाता था और इसके बाहरी हिस्से में ऊपर की ओर कच्चे चावल के पेस्ट से सफेद लहरियाँ बनाते हुए सजाया जाता था। इसके ऊपर सफेद फूलों की माला चढ़ाई जाती थी तथा मुख पर एक खास फल रखा जाता था। हालाँकि इस हांड़ी का निचला आधा हिस्सा काला ही बना रहता था।

मेरी दादी पहले ही चूल्हा सुलगा चुकी थीं। वह व्यवस्थित ढंग से चूल्हे में पहले बड़ी-बड़ी लकड़ियाँ रखते हुए आधार तैयार करती थीं। इसके बाद सूखी टहनियाँ रखी जाती थीं और फिर सूखी पत्तियाँ व नारियल की जटाएँ

होती थीं, जो आसानी से सुलगती थीं। वहाँ कुछ भी बेकार नहीं जाता था।

दादी पीतल के लंबे खोखले पाइप (जिसे आम बोलचाल की भाषा में फुँकनी कहा जाता है) के सहारे थोड़ी-थोड़ी देर में चूल्हे के भीतर फूँकते हुए आग को लगातार भड़काती रहती थीं। यह काम आसान भले ही लगे, लेकिन होता नहीं है। आपको फुँकनी का एक सिरा जलती लकड़ियाँ के ठीक पास ले जाकर दूसरे छोर से लगातार फूँकना पड़ता है। यदि इसमें मुँह लगाए-लगाए आपने धोखे से भी साँस अंदर खींची तो आपको इसके धुएँ से खाँसी का जबरदस्त दौरा पड़ सकता है। मैंने भी कई बार दूसरों की नजर बचाकर ऐसा करने की कोशिश की, लेकिन हर बार मुझे खाँसते हुए बाहर निकलना पड़ा।

बहरहाल, मैं अपने दाँत माँजने के बाद दादी के पास गया और उनकी पीठ पर झूल गया। उनकी नौ गज की साड़ी से साबुन व मसालों की भीनी-भीनी गंध आ रही थी। उन्होंने पीछे की ओर खिसकते हुए खुद को आग से दूर किया और इसके बाद उन्होंने मेरे हाथों को हौले से थपथपाया। इस दौरान यह चूल्हे में फूँकती भी जा रही थीं। आग की लपटों की आँच से उनके चेहरे पर भी निखार आ गया और उनके लंबे सफेद बाल उसकी रोशनी में सुनहरे नजर आ रहे थे। हवा में लकड़ी के धुएँ की सौंधी-सौंधी महक घुली हुई थी। उस आग की आँच से मेरे गाल भी लाल हो गए।

दीपावली पूजन के पारंपरिक स्नान से पहले दादी-माँ ने तेल से मेरी अच्छी तरह मालिश की। इसके बाद मैं बाथरूम की ओर बढ़ गया। मेरे पैर तेल मालिश के बाद खूब चमक रहे थे और मैंने अपने नए कपड़ों को सीने से लगा रखा था। इसके बाद मुझे जो चीज मिली, उससे मेरा दिल खुश हो गया। मेरे हाथ में था एक ब्रांड न्यू मोती संदल सोप। मैंने इसे सूँघते हुए चंदन की खुशबू का एहसास किया। हम भले ही साल के बाकी दिनों में दूसरे साबुन का इस्तेमाल करें, लेकिन दीवाली की सुबह हमेशा नए मोती संदल साबुन से ही स्नान होता है।

नहाने के बाद मैंने अपने नए कपड़े पहने और पूजा कक्ष की ओर दौड़ गया। वहाँ पूजा की सारी तैयारियाँ हो चुकी थीं। दीया जल रहा था और

मूर्तियों को ताजे गुड़हल के फूलों से सजाया गया था। रोशनी में इन फूलों की पत्तियाँ रेशम की तरह चमक रही थीं। मेरे परिवार के बाकी सदस्य पहले वहाँ पहुँच चुके थे।

मेरी माँ नई साड़ी में काफी आकर्षक लग रही थीं। उन्होंने अपने बालों की ढीली चोटी बना रखी थी। लाइन में सबसे आगे मेरे पिताजी खड़े थे। मैं लाइन में सबसे आखिर में जाकर खड़ा हो गया। पापा ने मम्मी को देने के लिए मुझे दस रुपए का नोट दिया, जिसे मैंने अपनी मुट्ठी में बंद कर लिया।

मम्मी आरती का थाल लेकर तैयार थीं, जिसमें चाँदी के दो निरंजनों के साथ कुंकुम, हल्दी और थोड़े चावल के साथ पान के पत्ते भी रखे थे। उन्होंने हम सबके माथे पर तिलक लगाया। उनकी आँखें स्नेह से दमक रही थीं। उन्होंने हमें पान के पत्ते दिए और हम सबकी आरती उतारी। शुरुआत मेरे पिताजी के साथ हुई। आखिर में वह मेरी ओर मुड़ीं और थोड़ा झुकते हुए मेरी आँखों में निहारा तथा आरती की। मैंने मुट्ठी में बंद रुपए थाली में डाल दिए। यह देख मेरी माँ मुसकरा दीं। यह देख मुझे ऐसा लगा मानो मेरे भीतर हजारों दीप जगमगा उठे हों। क्या आपको लगता है कि इसके बाद आपको पटाखों की जरूरत पड़ सकती है?

फंडा यह है कि नई पीढ़ी को इस तरह की सुखद स्मृतियों की गलियों में ले जाएँ। यह उन्हें अपनी सांस्कृतिक विरासत सौंपने का अच्छा तरीका है।

□

हर किसी में कोई खासियत होती है

ब्राड मेल्तजर दूसरे बच्चों की तरह एक आम बच्चा था। कुछ साल पहले उसके माता-पिता ब्रुकलिन से फ्लोरिडा शिफ्ट हो गए, जहाँ पहुँचकर उसने हाईलैंड ओक्स जूनियर हाई स्कूल में नौवीं कक्षा में दाखिला ले लिया। वह उस स्कूल के सैकड़ों छात्रों में से एक और छात्र था। उसके ज्यादातर शिक्षक उसे स्कूल में दाखिला लेने वाले किसी भी नए बच्चे के तौर पर देखते। शेलिया स्पाइसर उसकी इंग्लिश टीचर थीं, जो उस पर खास ध्यान देती थीं। वह दूसरे टीचरों से अलग थीं, क्योंकि स्कूल प्रिंसिपल क्लार्क लीन की तरह वह कक्षा में डंडे के जोर पर नहीं पढ़ाती थीं और न ही किसी को बेंच पर खड़ा करती थीं। उनका पढ़ाने का बहुत साधारण तरीका था। वह हरेक छात्र/छात्रा से कहतीं कि वे किस चीज में अच्छे हैं। उनका दृढ़ विश्वास था कि हर व्यक्ति किसी-न-किसी चीज में अच्छा होता ही है।

उन्होंने ब्राड से कहा, "तुम अच्छा लिख सकते हो।" उनका यह भी कहना था कि वे उसे ऑनर्स इंग्लिश क्लास में भेजना चाहती हैं। लेकिन टाइमिंग मैच न होने की वजह से ऐसा करना संभव नहीं था। लिहाजा मैडम स्पाइसर ने उससे कहा कि अब से वह क्लास में ब्लैकबोर्ड पर जो भी लिखें, वह उस पर ध्यान न दे। उनका ब्राड से कहना था, "क्लास में होनेवाले डिस्कशन को नजरअंदाज कर दो, एसाइनमेंट्स पर भी ध्यान देने की जरूरत नहीं है। तुम सिर्फ क्लास में बैठकर ऑनर्स का काम करो।" उन दो वर्षों के

दौरान ब्राड को शेक्सपीयर से लगाव हो गया। वास्तव में मैडम स्पाइसर ने उसे रोमियो का किरदार पढ़ने और एक लड़की को जूलियट का किरदार पढ़ने के लिए कहा, जिसे ब्राड स्कूली दिनों में पसंद करता था। मैडम स्पाइसर का मानना था कि ये दोनों आगे चलकर शादी कर लेंगे और ब्राड लेखक बन जाएगा। स्कूल के बाकी विद्यार्थियों की तरह ब्राड भी स्कूल से पढ़कर निकल गया। वह मैडम स्पाइसर को बहुत पसंद करता था, क्योंकि उन्होंने उसे अपने मुताबिक चलने की छूट दी और अपना पसंदीदा काम करने दिया। लेकिन वह उन्हें उस वक्त धन्यवाद के अलावा कुछ नहीं दे सकता था। अगले कुछ सालों में कॉलेज की पढ़ाई के दौरान वह भी चूहा दौड़ में उलझ गया और इस तरह तकरीबन एक दशक गुजर गया। एक दिन जब मैडम स्पाइसर क्लास में पढ़ा रही थीं, तभी एक अजनबी ने आकर द्वार पर दस्तक दी। ''मैं आपकी क्या मदद कर सकती हूँ?'' मैडम स्पाइसर ने कहा। ''जी, मेरा नाम ब्राड मेल्तजर है'', और यह कहते हुए उसने अपनी पहली किताब की प्रति उनकी ओर बढ़ा दी। ब्राड ने आगे कहा, ''मैंने यह आपके लिए लिखी है।'' यह किताब थी 'फ्रेटरनिटी', जिसे चौबीस बार ठुकराया गया, तब कहीं जाकर यह प्रकाशित हो पाई।

इसके बाद 13 साल और गुजर गए और मैडम स्पाइसर के रिटायरमेंट का दिन भी आ गया। उनकी विदाई पार्टी में ब्राड ने अपनी उपस्थिति से उन्हें आश्चर्यचकित कर दिया। हमेशा की तरह पार्टी में सबने अपने विचार पेश किए और आखिर में मैडम स्पाइसर की बारी भी आ गई। उन्होंने जिन शब्दों के साथ अपनी शुरुआत की, उसे सुनकर सब लाजवाब हो गए। उन्होंने कहा, ''आपमें से जो लोग यह शिकायत करते हैं कि बच्चे बदल गए और आज के दौर में उन्हें पढ़ाना बहुत मुश्किल हो गया है, तो समझ लें कि आप बूढ़े हो गए हैं। आप आलसी हो गए हैं। ये बच्चे नहीं बदले। आप बदल गए हैं!''

इसके बाद ब्राड ने उन्हें अपनी पत्नी से मिलवाया, जिसे उन्होंने जूलियट का किरदार दिया था। मैडम स्पाइसर हौले से मुसकराईं और बोलीं, ''मैं जानती थी कि ऐसा होगा।'' तब तक वह ब्राड की 'हीरोज फॉर माय सन' व 'हीरोज फॉर माय डॉटर' जैसी किताबें भी पढ़ चुकी थीं, जिनमें कई उल्लेखनीय

लोगों का वृत्तांत है। ब्राड मेल्तजर का नया नॉवेल है 'द फिफ्थ एसेन', जो एक थ्रिलर है। यह जनवरी 2013 में बाजार में आएगा।

फंडा यह है कि कोई भी इनसान बेकार नहीं है। प्रत्येक जीवित प्राणी, खासकर इनसान को इस दुनिया में किसी उद्देश्य से भेजा गया है। इनसानी प्रजाति को केवल यह करना है कि उस उद्देश्य को पहचाने और अपनी ऊर्जा को उसी दिशा में प्रवाहित करे।

□

पश्चिम की राह न चलें हमारे युवा

अमेरिका व यूरोप में गिरावट का दौर है। प्रोफेसर आर. वैद्यनाथन (जो आईआईएम, बेंगलुरु में फाइनेंस पढ़ाते हैं) से जब एक बिजनेस चैनल द्वारा वर्ष 2008 में अमेरिका की रिकवरी के बारे में पूछा गया, तो उन्होंने 40 तिमाहियों का हवाला दिया। इसके बाद उन्हें दोबारा किसी परिचर्चा के लिए नहीं बुलाया गया। हाल ही में किसी अन्य मीडिया पर्सन ने उनसे यही सवाल किया और इस बार उन्होंने 80 तिमाही कहा।

इस आर्थिक परिदृश्य में भारत जैसे देशों को भी यह महसूस कराया जा रहा है कि वे भी संकट में हैं। चूँकि पश्चिमी जगत् कहता है कि संकट की स्थिति है, लिहाजा हम भी उन्हीं की भाषा बोलने लगते हैं। लेकिन ऐसा नहीं है। पिछले बीस वर्षों के दौरान कभी भी हमारा प्रत्यक्ष विदेशी निवेश (एफडीआई) व पोर्टफोलियो हमारे घरेलू बचतों की वजह से है, जिसमें भी ज्यादातर घर-परिवार की बचतें शामिल हैं। हमारे इस विकास के लिए किसी पश्चिमी फंड मैनेजर के बजाय हमारी गृहिणियों को पुरस्कृत किया जाना चाहिए। पश्चिमी जगत् मुश्किलों से इसलिए जूझ रहा है, क्योंकि यह 'बचत' व 'परिवार' जैसे शब्दों को बिलकुल भूल गया। पश्चिम ने पिछले साठ वर्षों के दौरान परिवारों का राष्ट्रीयकरण कर दिया। उनके यहाँ सामाजिक सुरक्षा व्यवस्था है, लिहाजा बुढ़ापा, खराब सेहत, एकल मातृत्व जैसी तमाम चीजें राज्य की जिम्मेदारी बन गईं। प्रोफेसर वैद्यनाथन कहते हैं कि जब परिवार को बोझ और बच्चों को भार

की तरह समझा जाएगा, तो सामाजिक व्यवस्था डाँवाँडोल होगी ही। अमेरिका में लंबे समय से पारिवारिक बचतों की स्थिति ऋणात्मक है। ब्रिटेन समेत अनेक देशों में जीडीपी के अनुपात में कुल कर्ज 400 फीसदी तक है। इतना ही नहीं, पश्चिमी जगत् में जनसंख्या वितरण का संकट भी गंभीर है। यदि अफ्रीका व एशिया से प्रवासी यहाँ न आएँ तो यूरोप दुनिया के नक्शे से गायब हो जाएगा। जनगणना ब्यूरो के हालिया आँकड़े बताते हैं कि अमेरिका में विवाहित युगलों की संख्या कुल घर-परिवारों के मुकाबले आधी से भी कम (45 फीसदी) है। इसके अलावा वहाँ अविवाहित जोड़ों और एकल अभिभावक वाले परिवारों (ज्यादातर गरीब, अश्वेत महिलाएँ) की संख्या तेजी से बढ़ी है। पश्चिम में सामाजिक व्यवस्था निष्क्रिय या अव्यवस्थित हो चुकी है। भारत में समाज व्यवस्थित है और सरकार अव्यवस्थित। पश्चिम में अव्यवस्थित समाज के चलते राज्य को परिवारों की जिम्मेदारी लेनी पड़ती है। बाजार का धराशायी होना ऐसा मॉडल अपनाने की वजह से है, जहाँ पर कर्ज लेकर उपभोग की प्रवृत्ति है और कोई बचत नहीं है। वैद्यनाथन कहते हैं कि एशियाई बचत आखिर पश्चिम की खर्चीली रँगरलियों को कब तक टिकाए रखेगी।

ढहते साम्राज्य खतरनाक हैं। वे अपने नाकाम मॉडलों को हमें देने की कोशिश करेंगे और हम इस पर आँख मूँदकर भरोसा कर लेंगे, क्योंकि औपनिवेशिक जींस यहाँ पर अब भी मौजूद हैं। वैद्यनाथन कहते हैं कि आपको वैश्विक कॉर्पोरेशनों में उच्च पदों पर बैठे कई भारतीय मिल जाएँगे, क्योंकि भारत एक बहुत बड़ा बाजार है और इस पर कब्जा करने का एक तरीका यह है कि भारतीय सिपाहियों को इस काम में लगाया जाए।

फंडा यह है कि युवाओं को मेरी सलाह यह है कि बेस्ट (सर्वोत्कृष्ट) बनने के लिए वेस्ट (पश्चिम) की नकल न करें। हमारे अभिभावकों ने पश्चिमी जगत् के मुकाबले अपने मूल्यों को ज्यादा बेहतर ढंग से सहेजकर रखा है। उनका अनुसरण करें और सफलता आपके कदमों में होगी।

सही-गलत का ज्ञान बचपन से ही कराएँ

पहला किस्सा : यदि आप एफएम रेडियो सुनते हैं, तो एक विज्ञापन पर जरूर ध्यान गया होगा। इस विज्ञापन में एक माँ, जो टीचर भी है, कहती है कि वह स्कूल जाकर हाजिरी लगाने के बाद घर वापस चली आएगी, ताकि कुछ घरेलू काम निपटा सके। इस पर उसकी बेटी कहती है कि हाजिरी लगाने के बाद बच्चों को नहीं पढ़ाना एक तरह का भ्रष्टाचार है। इसी तरह के एक अन्य विज्ञापन में सात वर्षीय बालक अपने पिता से रेलवे टीसी के समक्ष अपनी उम्र कम बताए जाने पर आपत्ति जताता है। वह कहता है कि टिकट के पैसे बचाने के लिए बच्चे की उम्र कम बताना भी एक तरह का भ्रष्टाचार है। दोनों ही विज्ञापनों में बच्चे अपने अभिभावकों से पूछते हैं कि क्या उन्हें बचपन में भ्रष्टाचार के खिलाफ ईमानदारी का पाठ नहीं पढ़ाया गया। भले ही ये महज विज्ञापन हों, लेकिन असल जिंदगी में इस तरह का आचरण करनेवालों के लिए यह किसी झन्नाटेदार तमाचे से कम नहीं है।

दूसरा किस्सा : बीस वर्षीय शरनजीत कौर अमृतसर के एक कॉलेज में फैशन डिजाइनिंग की दूसरे साल की छात्रा है। 18 वर्षीय कक्षा आठ की छात्रा जसविंदर कौर 2007 में जूनियर राष्ट्रीय कबड्डी प्रतिस्पर्धा में पंजाब का प्रतिनिधित्व कर चुकी है। इसी तरह 25 वर्षीय राज कौर प्रशिक्षित मेडिकल लैब टैक्नीशियन है, जिसकी शादी ब्रिटेन के एक अनिवासी भारतीय से हुई है। उसका पति लंदन के एक कैंसर चैरिटी संस्थान के लिए काम करता है। अब

वह भी अपनी शेष जिंदगी लंदन में काम करते हुए बिताना चाहती है। कंवरदीप सिंह महज बीस साल की है और चंडीगढ़ में 3-डी एनिमेशन कोर्स कर रही है। उसका सपना एक दिन पूरे बॉलीवुड पर छा जाने का है। 21 वर्षीय हरमनप्रीत कौर एमबीए छात्रा है, जो कोर्स पूरा करने के बाद अपना शिक्षण संस्थान खोलना चाहती है। हालाँकि उसकी माँ चाहती है कि वह एक पुलिस अधिकारी बने। आप कह सकते हैं कि देश के एक हिस्से से इन नामों को यूँ ही उठाकर, उनके सपनों के साथ यहाँ दे दिया गया है। लेकिन यह नामों की कोई आम सूची भर नहीं है। ये सभी बच्चे बब्बर खालसा इंटरनशनल के बैनर तले सक्रिय रहे खालिस्तानी आतंकवादियों की संतान हैं। इन सभी चरमपंथियों की 1992 से 1994 के दौरान पुलिसिया या सैन्य काररवाई में मौत हो चुकी है। मैंने पंजाब के कई ऐसे बच्चों को अपने पिता का अंतिम संस्कार करते देखा है, जिन्होंने गिरफ्तारी के डर से जहर खाकर आत्महत्या कर ली या खुद को गोली मार ली। पंजाब के आतंक प्रभावित इलाकों में 25 वर्ष तक आतंक रोधी अभियान चलानेवाले एस.एस. विर्क के साथ मुझे कुछ समय बिताने का मौका मिला है। उस दौरान मैंने ऐसे बच्चों को अपने पिता की मौत का बदला लेने की कसम खाते देखा था। लेकिन गुजरते वक्त के साथ उन्हें लगातार सही-गलत की पहचान कराई गई। उन्हें मनोचिकित्सकों और काउंसलर्स ने बहुत धैर्य के साथ अच्छे-बुरे की पहचान कराई। यही वजह है कि आज 18-20 साल के बाद वे उम्मीदों से भरे और सपने देखती नई पीढ़ी के तौर पर उभरे हैं। वे समय के साथ-साथ अपनी जिंदगी को एक नई दिशा दे रहे हैं।

फंडा यह है कि अगर आप अपने बच्चों को आतंकवाद और भ्रष्टाचार जैसे मसलों पर बचपन से ही जागरूक बनाना शुरू करते हैं, तो इस तरह से उनके रूप में नई पीढ़ी एक नए युग का सूत्रपात कर सकती है। एक ऐसा युग, जहाँ उम्मीद और सुनहरे भविष्य का ही अक्स होगा। भ्रष्टाचार और आतंकवाद के सफाए के लिए यह करना बेहद जरूरी है, यकीन मानिए।

□

इंफ्रास्ट्रक्चर के बजाय शिक्षा पर दें ज्यादा जोर

भारत में वर्ष 2009 और 2012 के दौरान प्राथमिक शिक्षा का बजट दोगुना तक बढ़ गया, फिर भी शिक्षा की स्थिति में खास सुधार नजर नहीं आता। रिपोर्ट्स के मुताबिक हमारे देश में पाँचवीं कक्षा में पढ़नेवाले तकरीबन आधे बच्चे अभी भी दूसरी कक्षा की किताब नहीं पढ़ पाते, जबकि साधारण जोड़-घटाना की समझ रखनेवाले बच्चों की संख्या तो और भी कम है। हाल में जारी प्रथम एंड अकाउंटेबिलिटी इनिशिएटिव की 'पैसा' रिपोर्ट के मुताबिक फंड्स में इजाफे के बावजूद 78 फीसदी शिक्षा बजट शिक्षकों व स्कूल प्रबंधन संबंधी कार्यों पर खर्च होता है, जबकि छात्रों के खाते में इसका महज 6 फीसदी हिस्सा जाता है।

वर्ष 2009-10 और 2011-12 के बीच भारत की प्रारंभिक शिक्षा का बजट 26,169 करोड़ ₹ से बढ़कर 55,746 करोड़ ₹ तक पहुँच गया, जिसमें केंद्र व राज्य का हिस्सा शामिल है। देश भर में प्रति छात्र आवंटन जहाँ वर्ष 2009-10 में 2,000 ₹ था, वहीं 2011-12 में यह बढ़कर 4,270 ₹ तक पहुँच गया। विडंबना तो देखिए कि जिस रकम का इस्तेमाल बच्चों की पढ़ाई-लिखाई पर किया जाना चाहिए था, उसे आधारभूत आपूर्तियों पर खर्च किया गया, 68 फीसदी स्कूलों की इमारतों में रंग-रोगन किया गया, 69

फीसदी ने स्कूली समारोहों पर खर्च किया, 89 फीसदी ने चार्ट, ग्लोब व रजिस्टर इत्यादि खरीदे। यह अप्रैल 2010 से नवंबर 2011 के मध्य की बात है। इस अध्ययन में देश के सात राज्यों के गाँवों में स्थित 14,283 स्कूलों को शामिल किया गया। सर्वशिक्षा अभियान (एसएसए) के बजट आवंटन में महज 7 फीसदी हिस्सा स्कूली अनुदान का होता है। कम मात्रा में ही सही, लेकिन यही इकलौते फंड्स हैं, जिनके खर्चों पर स्कूल प्रबंधन कुछ हद तक नियंत्रण रख सकता है। सर्वशिक्षा अभियान के तहत अनुदानों के संवितरण में यह 'टॉप-हेवी' एप्रोच निश्चित ही चिंता का विषय है।

1984 में सऊदी अरब की सालाना प्रति व्यक्ति आय 10,000 डॉलर और सिंगापुर की प्रति व्यक्ति आय 8,600 डॉलर थी। बीस साल बाद यानी 2004 में सऊदी अरब के लिए यह आँकड़ा 16,000 डॉलर पाया गया, जबकि सिंगापुर के लिए यही आँकड़ा हैरतअंगेज ढंग से बढ़कर 25,000 डॉलर तक पहुँच चुका था। ऐसा सिर्फ इसलिए हुआ, क्योंकि सऊदी अरब ने इंफ्रास्ट्रक्चर पर ध्यान केंद्रित करते हुए ऑयल एक्सप्लोरेशन पर ज्यादा-से-ज्यादा निवेश किया। इससे देश का विकास भी हुआ और प्रति व्यक्ति आय का आँकड़ा भी 16,000 डॉलर तक पहुँच गया। लेकिन यह उस रफ्तार से नहीं बढ़ा, जिस तेजी से सिंगापुर की प्रगति हुई।

सिंगापुर ने अपनी आबादी को शिक्षित करने पर जोर दिया। यहाँ पर दुनिया के हरेक पाठ्यक्रमों को चालू किया गया और शिक्षित आबादी काम के सिलसिले में विदेश गई और अपने परिजनों व रिश्तेदारों की मदद के लिए ढेर सारा धन कमाकर लाई। इस तरह इस देश ने अपना प्रति व्यक्ति आय का आँकड़ा 25,000 डॉलर तक पहुँचा दिया। अपने देश की बात करें, तो केरल इस बात की बेहतरीन मिसाल है। यहाँ से श्रमिकों की एक पीढ़ी खाड़ी देशों में अपनी आजीविका कमाने के लिए गई और उन्होंने यह सुनिश्चित किया कि उनकी अगली पीढ़ी को विधिवत् स्कूली शिक्षा मिले। इसका नतीजा यह हुआ कि केरल देश में 100 फीसदी साक्षरतावाला पहला राज्य बन गया और आज यह कई अन्य राज्यों से ज्यादा समृद्ध है।

फंडा यह है कि यदि हम स्कूलों की दीवारों पर रंग-रोगन करने या कुछ ऑयल रिफाइनरीज तैयार करने के बजाय बच्चों की पढ़ाई-लिखाई पर ज्यादा खर्च करने लगें, तो इससे देश को कहीं ज्यादा लाभ होगा।

□

सादा जीवन से ही होता है सही संपदा सृजन

मदुरै में रहनेवाले सत्यनारायणन का परिवार पारंपरिक निम्न-मध्यमवर्गीय श्रेणी में आता था। हालाँकि मदुरै किसी लिहाज से छोटा शहर नहीं है। यह उच्च महत्त्वाकांक्षाओं वाला टियर-2 शहर है, जहाँ पर ब्रांडेड उत्पाद अपनी बिक्री को बुलंदियों तक पहुँचाना चाहते हैं और युवा आबादी को अपनी ओर आकर्षित करते हुए ऐसी चीजों को खरीदने के लिए विवश करते हैं, जिनके बगैर भी जीवन चल सकता है। ऐसी सैकड़ों चीजें हैं, जिन्हें हम सब खरीदते हैं, लेकिन जो जीने के लिए जरूरी नहीं होतीं। इन चीजों के इस्तेमाल से सिर्फ यही पता चलता है कि हमारा जीवन-स्तर कैसा है।

सत्यनारायणन ने किसी तरह अपने बड़े बेटे सतीश को शुरुआती स्कूली शिक्षा दिलाई। इसके बाद सतीश चेन्नई चला गया। वहाँ किसी जान-पहचानवाले ने उसे एक फॉर्मास्युटिकल कंपनी में टैबलेट कोटिंग ऑपरेटर की नौकरी दिला दी। सतीश ने नौकरी के साथ अपनी पढ़ाई भी जारी रखी। हालाँकि चेन्नई में खर्चीली जीवनशैली के संपर्क में आने के बावजूद इस अतिरिक्त आय से उसका दिमाग खराब नहीं हुआ और अपने पिता की तरह उसने भी अपनी जरूरतों को यथासंभव कम-से-कम रखा। उसने यहाँ पर जमकर मेहनत की और ब्रांडेड कपड़े, मोबाइल फोन जैसी आधुनिक पीढ़ी की जरूरतों में नहीं उलझा। वह एक पब्लिक बूथ से अपने परिवार से फोन पर बात करता और परिवारवाले भी

उसके ऑफिस फोन पर तभी कॉल करते, जब वह फैक्टरी में होता। इस तरह धीरे-धीरे उसके परिवार की आर्थिक स्थिति सुधरने लगी। इससे सत्यनारायणन की स्थिति अपने छोटे बेटे सूर्या और बेटी अपर्णा को भी पढ़ाने लायक हो गई। सूर्या ने इंजीनियरिंग की पढ़ाई पूरी करने बाद कोलकाता में एक कंपनी ज्वॉइन की, जहाँ से वह एक कंस्ट्रक्शन कंपनी में काम करने के लिए अफगानिस्तान चला गया। उसकी तीसरी संतान अपर्णा ने डॉक्टर बनने के बाद सरकारी अस्पताल में काम करना शुरू कर दिया। बाद में उसने अपना अस्पताल खोल लिया। अब इन तीनों की शादी हो चुकी है और उनके बच्चे भी हैं। उन्होंने अच्छा पैसा भी कमा लिया है। हाल ही में जब ये तीनों अपने परिवार के बाकी सदस्यों के साथ एक फंक्शन में इकट्ठा हुए, तो मैं यह देखकर दंग रह गया कि इन तीनों के हाथों में बीती सदी में बने साधारण मोबाइल फोन ही थे। उनकी पर्सनल कारें भी चार लाख रुपए से ज्यादा की नहीं थीं। हालाँकि उनके बच्चों के पास स्मार्ट फोन थे और इस पार्टी में भी वे एक-दूसरे से फोन पर इस तरह बतिया रहे थे, मानो वे किसी दूसरे द्वीप पर हों। सत्यनारायणन ने यह देखकर अपने नाती-पोतों को अपने पास बुलाया और उन्हें अपने सादा जीवन की गाथा सुनाई, जिसके सहारे उनका परिवार यहाँ तक पहुँचा। यह तकरीबन छह घंटे तक चली आत्मगाथा थी, जो उस दिन सत्यनारायणन ने अपने नाती-पोतों के साथ साझा की। यह सुनकर बच्चों ने वादा किया कि वे भी हरसंभव सादा जीवन की राह पर चलेंगे। सत्यनारायण के लिए बच्चों का यह वादा किसी लाभकारी निवेश की तरह ही है, जो पीढ़ी-दर-पीढ़ी काम आएगा।

फंडा यह है कि बच्चों को खुश या संतुष्ट करने के लिए उन्हें महँगे उत्पाद खरीदकर न दें। उन्हें रोज अपने पास बिठाकर सादा जीवन से जुड़ी गाथाएँ सुनाएँ, जिनमें कोई दिखावा न हो और जो नियंत्रित जीवनशैली से जुड़ी हों। मेरा यकीन करें, बच्चे हमसे कहीं ज्यादा समझदार हैं और वे जीवन का महत्त्व समझते हैं। एक बार ऐसा करके तो देखें, आपको उनसे नाउम्मीद नहीं होना पड़ेगा।

□

बदल रही है जेनरेशन 2.0 की बुक शेल्फ

दिविका राव चौदह साल की बालिका है। वह मुंबई के प्रतिष्ठित पोद्दार इंटरनेशनल स्कूल में पढ़ती है। इस स्कूल में अगले सत्र से छठवीं कक्षा से लेकर बारहवीं कक्षा के तमाम विषय आईपैड्स पर पढ़ाए जाएँगे। जब दिविका मुझे अपने कमरे में लेकर गई, तो एक नजर देखने पर मुझे वह किसी बच्चे के कमरे जैसा नहीं लगा। वहाँ न तो कंप्यूटर था, न किताबें थीं, न ही खिलौने थे। मुझे बस बिस्तर पर पड़ा एक हेडफोन नजर आया। ऐसे कमरे को देखकर कोई भी बच्चों से यह सवाल पूछ सकता है कि 'तुम्हारी किताबें कहाँ हैं?' मैंने जब यह सवाल उससे पूछा, तो उसने मुझे ऐसी निगाहों से घूरा, मानो मैं किसी दूसरे ग्रह से आया प्राणी हूँ। उसकी यह भावभंगिमा देख समझ आ गया कि यह सवाल पूछकर मैंने गलती कर दी। मेरे सवाल पर उसने अपना हाथ माथे पर रख लिया और अपने स्कूल बैग की ओर बढ़ी। बैग में से उसने आईपैड-2 निकाला और कहा, "मेरी सारी किताबें इस यूनिट में हैं।" खुद को शर्मिंदगी से बचाने और एक चौदह साल की बच्ची से 'टेक्नोलॉजी हैंडिकैप' का खिताब पाने से बचने के लिए मैंने बातचीत का रुख अपने मजबूत पक्ष यानी किताबों की ओर मोड़ते हुए उससे पूछा, "तुम्हारी पसंदीदा किताब कौन सी है?" इस पर उसने तुरंत जवाब दिया, "मूविंग टेल्स इंक की 'द पेडलर लेडी'।" उसने अपना आईपैड खोला और मुझे एक स्टोरी दिखाने लगी, जो बेहद खूबसूरत तरीके से एनिमेटेड की गई थी। स्क्रीन पर बैकग्राउंड में तस्वीरों के मूवमेंट के साथ टेक्स्ट भी आ-जा रहा था और यह उपकरण उस टेक्स्ट को जोर-से उच्चारित भी कर रहा था।

दिविका खुश है, क्योंकि वह अपनी किताबों को कहीं भी ले जा सकती है। वह अपने आईपैड का इस्तेमाल लिखने-पढ़ने व ड्राइंग के लिए कर सकती है। मैंने महसूस किया कि तकनीक ने बच्चों के विकास के तौर-तरीकों में क्रांतिकारी बदलाव ला दिया है। अभिभावक आज इंटरनेट का कई तरह से इस्तेमाल करते हैं। आज बच्चों को अपनी नन्हीं-नन्हीं अंगुलियों के साथ टचस्क्रीन के साथ खेलते हुए देखना असहज नहीं लगता। एक कंप्यूटर प्रोफेशनल होने के नाते दिविका के पिता ने एक ऐसी कुंजी खोज ली, जिससे वह अपनी बेटी की कंप्यूटर के प्रति दिलचस्पी जगा सकें। उन्होंने अपने आईपैड में वे तमाम सॉफ्टवेयर डाल दिए, जिससे उनकी बेटी की इसमें दिलचस्पी जगे और वह इसे अपने हिसाब से इस्तेमाल कर सके। यही कारण है कि वह इस तकनीक को अपनी उम्र के दूसरे बच्चों के मुकाबले ज्यादा उत्साहजनक ढंग से सीख रही है। दिविका ने मुझे आईपैड पर एक और किताब दिखाई, जिसका नाम था, 'एलिसेस एडवेंचर्स इन वंडरलैंड'। इस किताब के हर पेज के साथ स्क्रीन पर बड़े-बड़े इंटरएक्टिव इलस्ट्रेशंस भी मौजूद थे। एलिस के खरगोश की माँद में गिरने पर पाठक उसे अलग-अलग बोतलें दे सकते हैं और इन बोतलों के आधार पर एलिस बड़ी या छोटी हो जाएगी। आईपैड को एक ओर झुकाने पर एलिस नीचे गिर जाएगी और सीधा करने पर वापस खड़ी हो जाएगी। ये क्रियाकलाप बच्चों को बहुत आनंदित करते हैं और इसके किरदार उनकी स्मृति में सदा के लिए अंकित हो जाते हैं।

फंडा यह है कि बेहतर तरीके से डिजाइन किए गए एप्लीकेशंस बच्चों को खेल-खेल में स्वतंत्र रूप से सीखने का अवसर देते हैं। इसके अलावा वे उन्हें उँगलियों से पेंटिंग करने सरीखी गतिविधियों के साथ जुड़ने का मौका भी देते हैं। आज की जेनरेशन 2.0 के पास अपने आईपैड पर कार्टून से लेकर किताबें और गेम्स तक हर चीज मौजूद है। लेकिन हम जैसे टेक्निकली हैंडिकैप अभिभावकों के लिए बहुत जरूरी है कि हम भी उनके साथ चलें। क्या हम ऐसा करेंगे?

□

आप अपने शब्दों के मालिक हैं या गुलाम?

पहली स्टोरी

एक बार एक बूढ़े आदमी ने यह अफवाह फैला दी कि उसका पड़ोसी युवक चोर है। इसके परिणामस्वरूप उस युवक को गिरफ्तार कर लिया गया। कुछ दिनों के बाद पता चला कि युवक निर्दोष है। रिहा होने के बाद उसने खुद पर गलत आरोप लगाने के कारण उस बूढ़े आदमी पर मुकदमा कर दिया। अदालत में उस बूढ़े ने जज से कहा, ''तुमने जो कुछ भी उस युवक के बारे में कहा था, उसे एक कागज पर लिखो और वापस घर लौटते समय उस कागज को फाड़कर रास्ते में फेंकते जाना। कल फैसला सुनने के लिए वापस यहाँ आ जाना।'' अगले दिन जज ने उस बूढ़े शख्स से कहा, ''फैसला सुनने से पहले तुम्हें बाहर जाकर कागज के उन तमाम टुकड़ों को इकट्ठा करना होगा, जो तुमने कल फेंके थे।'' इस पर बूढ़े ने कहा, ''मैं ऐसा नहीं कर सकता। उस कागज की चिंदियाँ तो हवा में उड़ गई होंगी और मुझे नहीं पता कि मैं उन्हें कहाँ जाकर खोजूँ।'' उसकी यह बात सुनने के बाद जज ने जवाब दिया, ''ठीक इसी तरह साधारण सी लगनेवाली टिप्पणियाँ भी किसी आदमी के आत्मसम्मान को इस हद तक नुकसान पहुँचा सकती हैं कि कोई भी उनकी भरपाई नहीं कर सकता। यदि तुम किसी के बारे में अच्छा नहीं बोल

सकते, तो बेहतर यही है कि अपनी जुबान मत चलाओ।''

दूसरी स्टोरी

एक दिन कैद में रहने की सजा काटने के बाद इस बूढ़े शख्स के मन में युवा पीढ़ी के खिलाफ गुस्सा भर गया। घर लौटने पर वह अपने नाती-पोतों पर पढ़ाई-लिखाई में कमजोर होने के चलते भड़क उठा। अगले दिन उसे उसी पुलिस स्टेशन से टेलीफोन आया कि उसके पोते ने स्कूल में परीक्षा के बाद खुद को फाँसी लगाते हुए अपनी जान दे दी है। यह महाराष्ट्र के नागपुर में स्थित संगम चाल से जुड़ी तकरीबन 20 साल पुरानी स्टोरी है। हाल ही में उस इलाके में जाने पर मैंने पाया कि पुरानी चाल को ध्वस्त कर दिया गया है और उसकी जगह पर नई कॉलोनियाँ बन गई हैं। मैं उस बूढ़े आदमी से मिला, जिसने उस घटना के बाद से बोलना बंद कर दिया है। वह पास ही में स्थित धंतोली में एक देवी मंदिर के बाहर बैठा रहता है और इस बात की बाट जोहता रहता है कि कब भगवान के घर से उसके लिए बुलावा आए। जाहिर है कि वह अपने ही शब्दों का गुलाम बन गया और इनका मालिक नहीं बन पाया।

मेरा अनुभव यही कहता है कि जिंदगी में मार्क्स बहुत ज्यादा अहमियत नहीं रखते। जीवन में ईमानदारी व संकल्प जैसे गुणों का होना बहुत जरूरी है और अभिभावकों को अपने बच्चों के भीतर इन चारित्रिक खूबियों का विकास करना चाहिए। किसी परीक्षा को उत्तीर्ण करना अगली कक्षा में दाखिला लेने के लिहाज से ही अच्छा है और इससे यह गारंटी नहीं मिलती कि आपकी आगे की जिंदगी बेहतर हो ही जाएगी। अभिभावकों को अपने बच्चों को जीवन के बुनियादी सिद्धांतों के आधार पर शिक्षित करना चाहिए और उनमें धैर्य, विवेक, सामंजस्य, यथार्थवादी नजरिया जैसी खूबियों का विकास करना चाहिए। अभिभावक अपने बच्चों को बताएँ कि वे गलतियों से सबक सीखते हुए जिंदगी में आगे बढ़ सकते हैं। यही कुछ ऐसी बातें हैं, जो वास्तव में हमारी जिंदगी में काम आती हैं। एग्जाम में टॉप करना इस बात की गारंटी नहीं है कि आप जीवन में भी टॉप पर रहेंगे।

फंडा यह है कि जीवन अनमोल है। यह सिर्फ एग्जाम में टॉप करनेवालों की दुनिया नहीं है। महात्मा गांधी और स्वामी विवेकानंद पढ़ाई-लिखाई में टॉपर नहीं थे, अलबत्ता वे व्यावहारिक जीवन में हीरो साबित हुए।

□

अमन-चैन, भाईचारे के लिए शिक्षा है जरूरी

बीते साल मारे गए दुर्दांत आतंकवादी ओसामा बिन लादेन ने कथित तौर पर अपने बच्चों, खासकर अपने 16 वर्षीय बालक हमजा बिन लादेन से कहा था कि वह पश्चिमी दुनिया में जाकर शांतिपूर्वक रहे और यूनिवर्सिटी से तालीम हासिल करे। इस बात का खुलासा ओसामा के साले ने वैलेंटाइन डे से ठीक पहले प्रकाशित हुए एक इंटरव्यू में किया।

लादेन की पाँचवीं बीवी येमेनी अमल के भाई जकारिया अल-सदा के मुताबिक लादेन का मानना था कि उसके बच्चे 'जिहाद की राह पर उसका अनुसरण नहीं करें।' अल-सदा ने लंदन के 'संडे टाइम्स' को दिए इंटरव्यू में कहा, "ओसामा अपने बच्चों व नाती-पोतों से कहता था कि वे यूरोप व अमेरिका में जाकर तालीम हासिल करें, ताकि शांति के साथ दुनिया में रह सकें।" ओसामा बच्चों से कहता, "जो मैंने किया या जो मैं कर रहा हूँ, वैसा तुम लोग कभी नहीं करना।" पिछले साल मई में अमेरिकी नेवी सील कमांडो ऑपरेशन के जरिए पाकिस्तान के एबटाबाद में ओसामा को मार गिराया गया था। इस अभियान में अल-सदा की बहन को भी गोली लगी थी। ओसामा की तीन पत्नियाँ और नौ बच्चे उस ऑपरेशन के साक्षी थे।

एक और घटना पर गौर फरमाएँ। एस. रामाकृष्णनन ने सालों पहले एक भूखंड खरीदकर उस पर अपने सपनों का आशियाना तैयार किया। यह जगह

मुंबई में पवई लेक के किनारे स्थित एक छोटी सी खूबसूरत पहाड़ी पर है। मुंबई जैसे महानगर में जमीन का हर टुकड़ा बहुत महत्त्वपूर्ण है और आप नहीं जानते कि कौन इसे खरीद रहा है। ऐसे में इस बात का अनुमान लगाना भी बहुत मुश्किल होता है कि आपका पड़ोसी कौन होगा। बहरहाल, रामाकृष्णन का प्लॉट धीरे-धीरे एक अलग समुदाय के लोगों से घिर गया। यह तकरीबन 20 साल पहले की बात है। (पहचान छिपाने के लिए जगह व व्यक्ति के नाम बदल दिए गए हैं।)

आज रामाकृष्णन वहाँ के लोगों के लिए देवदूत की तरह हैं। रामाकृष्णन और उनके बच्चे और यहाँ तक कि नाती-पोते भी सुरक्षा घेरे में रहते हैं, जब तक कि वे अपनी पसंदीदा जगह पर नहीं पहुँच जाते। कोई भी ऑटो या टैक्सी चालक उनके परिवार को कहीं भी लाने-ले जाने के लिए 'न' नहीं कह सकता। घर के लिए किराना समेत तमाम जरूरी सामान एक फोन कॉल पर उपलब्ध हो जाता है। कभी-कभार पुलिस भी हड़ताल या बंद के दौरान भीड़ का मिजाज समझने के लिए उनकी मदद लेती है।

आप सोच रहे होंगे कि आखिर उन्होंने ऐसा क्या किया, जो सब उनकी इतनी परवाह करते हैं? उन्होंने बहुत साधारण काम किया। उन्होंने स्थानीय लोगों के योगदान से एक मुफ्त स्कूल शुरू किया। यहाँ रहने वाले लोग जब अपने बच्चों को धाराप्रवाह अंग्रेजी बोलते देखते हैं तो उनका सीना गर्व से चौड़ा हो जाता है। टीचर्स-पैरेंट्स मीट के दौरान बच्चों को फटाफट जवाब देते देख उनकी अनपढ़ माँओं की आँखें खुशी से छलछला उठती हैं।

ये लोग रामाकृष्णन के परिवार को देवदूत की तरह समझते हैं और मानते हैं कि यह परिवार उनकी आगामी पीढ़ी की जिंदगी सँवारने के लिए यहाँ आकर बसा है। यही कारण है कि रामाकृष्णन परिवार को किसी भी वक्त हर तरह की मदद उपलब्ध हो जाती है।

हालाँकि इस बात की कोई गारंटी नहीं है कि शिक्षा के जरिए हमेशा आपके आस-पड़ोस में शांति बनी रहेगी, लेकिन इस तरह की घटनाएँ और खासकर ओसामा बिन लादेन जैसे दुर्दांत आतंकवादी के विचार जानने के बाद शिक्षा पर भरोसा और पुख्ता होता है।

फंडा यह है कि हमें इस बात को समझना चाहिए कि दुनिया में अमन-चैन कायम करने के लिए शिक्षा और खासकर अच्छी शिक्षा एक प्रभावी माध्यम बन सकती है।

□

विज्ञापनों में बच्चों का इस्तेमाल ठीक नहीं

कोलकाता में जनवरी के अंतिम सप्ताह में 'वॉक ऑफ पीस' नामक रैली में अनेक बच्चे गांधीजी की वेशभूषा में नजर आए। इस इवेंट में 485 बच्चों ने हिस्सा लिया और यह पहली बार था जब एक साथ इतनी अधिक संख्या में बच्चे महात्मा गांधी के गेटअप में नजर आए। निश्चित तौर पर बच्चों को इस तरह की वेशभूषा में एक-दो बार देखना तो हमें अच्छा लग सकता है, लेकिन यदि वे हर रोज घर पर वयस्कों की तरह बरताव करने लगें तो संभवत: कोई भी अभिभावक यही कहेगा, ''देखो, बच्चे हो तो बच्चों की तरह रहो। बड़ों की नकल मत करो।'' लेकिन आज हम हर जगह बच्चों को बड़ों की तरह बरताव करता देख रहे हैं। आप टीवी ऑन करें और आपके सामने कई तरह के ड्रामे पेश होने लगेंगे, जिनका उल्लेख आगे है।

पहला ड्रामा

दो बच्चे चेहरे पर मूँछें लगाए एक वॉटर कूलर के बाजू में खड़े होकर सागर नामक एक शख्स के बारे में बतिया रहे हैं। वे पास से गुजर रही एक लड़की को 'टीन-एज लुक' भी देते हैं। पहला लड़का दूसरे को बताता है कि सागर ऑनलाइन शॉपिंग करने से बहुत डरता है। इस पर दूसरा लड़का उसे 'ओल्ड स्कूल' का बताता है। इसके बाद पहला लड़का कहता है कि आखिरकार

सागर ने ऑनलाइन एक मोबाइल फोन खरीद ही लिया, जिसका भुगतान उसने सामान की डिलेवरी मिलने पर नकद में किया। दूसरा लड़का पूछता है कि उसने यह कहाँ से खरीदा। इसके जवाब में पहला लड़का फ्लिपकार्ट डॉट कॉम का नाम लेता है। दूसरा लड़का इसकी सराहना करते हुए पूछता है कि सागर आखिर है कौन? पहला लड़का बताता है कि सागर उसके पिता हैं।

दूसरा ड्रामा

दो महिलाएँ हाथ में सेलफोन लिये एक पार्लर में बातचीत कर रही हैं। एक बताती है कि उसने कैसे अपने लिए परफेक्ट हेयर कलर खोजा। वह बताती है कि पहले वाले हेयर कलर में उसे देखने के बाद उसकी सहेली का लड़का बिट्टू कहता है, 'ऑरेंज आंटी आ गईं।' यह सुनकर उसे बेहद शर्मिंदगी महसूस होती है और वह अपना कलर ब्रांड बदलने का फैसला कर लेती है। इसके बाद वह गोदरेज एक्सपर्ट पाउडर के पैक को चुनती है और इसके इस्तेमाल के बाद फिर बिट्टू की प्रतिक्रिया लेने पहुँचती है। इस बार दरवाजा खोलने के बाद बिट्टू ऑरेंज आंटी के इस कायाकल्प को देखकर आश्चर्यचकित रह जाता है।

तीसरा ड्रामा

एक छोटा बच्चा अपने चाचू को सलाह देता है कि उन्हें अपनी वित्तीय महत्त्वाकांक्षाओं के लिहाज से एलआईसी का एंडोमेंट प्लस यूनिट लिंक्ड प्लान क्यों लेना चाहिए और उन्हें ऐसी लड़की से विवाह करना चाहिए, जो सिर्फ उन्हें प्यार करती हो। पहले बच्चे ऐसे उत्पादों के विज्ञापनों में नजर आते थे, जो बच्चों के लिए बने होते हैं, मसलन चॉकलेट और खिलौने इत्यादि। लेकिन इन दिनों बच्चे विज्ञापनों के जरिए हर तरह के मामलों में हमें सुझाव या सीख देने लगे हैं। यहाँ तक कि वे हमें यह भी बता रहे हैं कि हमें अपना भविष्य किस तरह सुरक्षित रखना चाहिए। पहले के विज्ञापनों में इस तरह की भूमिका वयस्क निभाया करते थे, लेकिन अब उनकी जगह बच्चों ने ले ली है। इस तरह के विज्ञापनों (जिनमें बच्चे बड़ों की तरह बरताव करते हैं व हमें सीख देते हैं) को देखकर घर में बैठे हमारे बच्चे भी हर मामले में अपनी राय देने लगे हैं।

फंडा यह है कि बच्चों को वयस्कों की भूमिका में पेश करनेवाले विज्ञापनों को देखकर धीरे-धीरे अभिभावक भी चिंतित होने लगे हैं। भले ही यह तरीका अब तक प्रभावी रहा हो, लेकिन यह नुस्खा ज्यादा नहीं चलेगा, क्योंकि इससे हमारे घरेलू माहौल में भी अनपेक्षित बदलाव आ रहा है।

□

कौन कहता है कि जंक फूड जंक है?

सालों पहले मेरी बेटी घर के भोजन को खाने में काफी नखरे करती थी। सभी सदस्य उसे इस बारे में समझा-समझाकर थक गए, लेकिन उस पर कोई असर नहीं हुआ। हालात इतने बिगड़ चुके थे कि मैं और मेरी पत्नी इस बाबत डॉक्टर से काउंसिलिंग लेने का मन बना चुके थे। इसी बीच सेलिब्रिटी शेफ संजीव कपूर को जब इस बारे में पता लगा, तो वह मेरे घर आए। मेरे स्कूली दिनों के साथी और दिल्ली के पूसा इंडियन होटल मैनेजमेंट स्कूल के एक बेहतरीन छात्र संजीव कपूर ने मेरी समस्या जानने के बाद एक जबरदस्त आइडिया दिया। उन दिनों वह जी टीवी पर 'खाना खजाना' नामक कुकरी शो शुरू करने जा रहे थे। उन्होंने मुझसे कहा कि बच्ची जो खाना चाहती है, उसे खाने दीजिए। बस हरेक व्यंजन को उसी तरह पुकारें, जिस तरह बच्ची उसे पुकारना चाहती है। उन्होंने कहा कि हम डोसा को पिज्जा डोसा कहें। उस दिन के बाद से हमारे घर का डोसा कभी आम डोसा जैसा नहीं रहा। इसने एक अलग आकार ले लिया, जिसे एक उत्तपम व डोसा के बीच में रखा जा सकता है और इस पर ढेर सारा पनीर लगा होता। इस डोसे को बहुत कम या बगैर तेल के तैयार किया जाता।

हमारे जैसे चावल खानेवाले परिवार के लिए पिज्जा और बर्गर खाना मुश्किल था, लेकिन धीरे-धीरे ये हमारे नियमित भोजन में शुमार हो गए। इन्हें गेहूँ के आटे से बनी ब्रेड से तैयार किया जाता। जिन सब्जियों को मेरी

बेटी थाली से निकालकर अलग रख देती थी, अब उनकी प्यूरी बनने लगी और इसे ऐसी सब्जियों में मिला दिया जाता, जो मेरी बेटी को पसंद होतीं। हालाँकि उसे इस बात का एहसास नहीं होता कि जो शाक-सब्जियाँ उसे 'नापसंद' हैं, वे उसके भोजन का हिस्सा बन गई हैं।

एक काम यह भी किया कि हम मैदा और चावल से परहेज करने लगे। हमने घर पर एक एक्सेल चार्ट बनाना शुरू कर दिया, जिसमें हमारी बेटी को यह तय करने का अधिकार होता कि वह अगले एक हफ्ते तक क्या खाना पसंद करेगी। इसे हम ईमेल के जरिए संजीव कपूर को भेज देते और वह हमें इन व्यंजनों को पौष्टिक खाद्य सामग्रियों के साथ पकाने की विधि भेज देते। बस हमें यह खयाल रखना होता कि हमारी बच्ची यह न देख पाए कि इन्हें पकाया कैसे जाता है। उसके सामने सिर्फ तैयार खाना ही आता। अगला कदम हमने यह उठाया कि जब कोई व्यंजन पकाए जाने के अंतिम चरण में होता, तो हम अपनी बच्ची को भी पकाने की प्रक्रिया में शामिल कर लेते। इससे उसे यह लगने लगा कि यह भोजन उसने खुद पकाया है।

इसके बाद संजीव कपूर ने हमसे कहा कि हम अपनी बेटी को घर के किराने की शॉपिंग में भी शामिल करें और शॉपिंग करते वक्त किचन के लिए खरीदे जानेवाले सामान की खूबियों के बारे में उसे समझाएँ। शॉपिंग मॉल के गलियारों में इस तरह की व्याख्याओं को सुनकर उसे लगने लगा कि वह कुछ ऐसा 'ज्ञान' पा रही है, जो दूसरे बच्चों को नहीं मिलता। वह इन ज्ञान की बातों को स्कूल में अपनी सहेलियों के साथ साझा करती, जो धीरे-धीरे उसकी पहचान और पसंद बन गई। समय गुजरने के साथ-साथ उसके मन में पौष्टिक भोजन के प्रति चेतना गहरे तक पैठ गई और क्या खाएँ और क्या न खाएँ को लेकर पहले जो सलाह हम उसे दिया करते थे, वही सलाह अब इस उम्र में वह हमें देने लगी है।

फंडा यह है कि जंक फूड महज एक नाम है, क्योंकि यह अनहाईजीनिक घटकों के साथ तैयार किया जाता है। यदि बस घटक सामग्री बदल दी जाए और नाम व बनाने की विधि वही रहे, तो यह पौष्टिक भोजन में तब्दील हो सकता है। ऐसे में कौन कहता है कि जंक फूड जंक है?

□

बच्चों को खुद अपना बचाव करना सिखाएँ

यह वर्ष 1990 की सर्दियों की बात है। उस वक्त फरवरी का महीना चल रहा था और नई दिल्ली का श्रीराम कॉलेज ऑफ कॉमर्स (जिसे एसआरसीसी के नाम से भी जाना जाता है) अपना सालाना उत्सव मना रहा था। राजधानी दिल्ली में रहनेवाले छात्र समुदाय के लिए एसआरसीसी द्वारा आयोजित रॉक शो साल का सबसे बेहतरीन इवेंट होता है और दूसरे कॉलेजों के युवा छात्र/छात्राएँ इसकी खातिर किसी-न-किसी तरह कॉलेज कैंपस में घुसने का जतन करते हैं।

1990 के उस इवेंट में भारी संख्या में पड़ोसी कॉलेज के छात्र/छात्राएँ पहुँच गए, जिससे वहाँ अफरा-तफरी का माहौल बन गया। स्थानीय अखबारों ने इस खबर को प्रमुखता से प्रकाशित किया। यह देख एसआरसीसी प्रबंधन ने छात्र इकाई को बुलाया और उनसे कहा कि उन्हें ऐसे हालात से बचने के लिए अपनी ओर से पूरी तैयारी करनी होगी, अन्यथा आगे से उन्हें कॉलेज कैंपस में रॉक शो आयोजित करने की इजाजत नहीं दी जाएगी।

एसआरसीसी की मैनेजमेंट विंग भी जीवन की विषमताओं या बिजनेस की भाषा में कहें तो कारोबारी माहौल की प्रतिकूलताओं से जूझने में सक्षम युवा आबादी तैयार करने के लिए जानी जाती है। अगले साल छात्र इकाई

ने कुछ ऐसा काम कर दिखाया, जो सर्वथा अप्रत्याशित था। रॉक शो शांतिपूर्ण ढंग से आयोजित हुआ और बाहर के एक भी छात्र/छात्रा ने कैंपस में बगैर बुलाए घुसने की कोशिश नहीं की। तब से लेकर अब तक एसआरसीसी कैंपस में ऐसी एक भी घटना नहीं हुई। इसकी पुष्टि खुद इस कॉलेज के प्राचार्य डॉ. पीसी जैन ने की, जिनसे मेरी हाल ही में मुलाकात हुई थी।

तो आखिर एसआरसीसी की मैनेजमेंट विंग ने क्या किया? अगले साल यानी 1991 में वार्षिकोत्सव वाले दिन ही उन्होंने कैंपस से दूर एक जगह पर एक म्यूजिक कांसर्ट का आयोजन रखा, जिसका जमकर विज्ञापन भी किया गया। इसके कंप्लीमेंट्री टिकट बड़ी सूझ-बूझ के साथ इस तरह वितरित किए गए मानो टिकटों को बड़ी मुश्किल से जुटाया गया हो। मुझे याद है कि प्रथम वर्ष इस म्यूजिक कांसर्ट में गुरदास मान ने परफॉर्म किया था, जिनका उस वक्त जबरदस्त क्रेज हुआ करता था।

उस समय मैंने इससे यह सबक सीखा कि यदि आपके कारोबार के साथ बाजार के तमाम वर्ग संतुष्ट नहीं होते, तो आपके लिए अपने कार्यक्षेत्र में सफलता पाना बहुत मुश्किल होगा। आपको हमेशा ऐसे लोग मिलेंगे, जिन्हें आप दुश्मन या विरोधी भी कह सकते हैं और जो सफलता की राह में रोड़े अटकाएँगे। लेकिन आप कानून या पुलिस का इस्तेमाल नहीं कर सकते या उन सबको हिरासत में नहीं ले सकते, उन्हें अपने रास्ते से हटा नहीं सकते। ऐसे में आपको उनका अपनी ओर से ध्यान हटाते हुए उन्हें किसी दूसरे क्षेत्र में आगे बढ़ने के लिए मदद करनी चाहिए, ताकि वे आपके कारोबारी विकास की राह में बाधा न बनें।

यह आइडिया एसआरसीसी की मैनेजमेंट विंग से आया, छात्र इकाई ने ही इसे लागू किया और इसके लिए पैसा प्रायोजकों की ओर से आया। एसआरसीसी मैंनेजमेंट ने महज थोड़ा सा धन दिया, जो प्रायोजकों द्वारा दी गई रकम और इसकी वास्तविक लागत के मुकाबले बहुत कम था।

फंडा यह है कि यंगस्टर्स के गलती करने पर उनके माता-पिता समेत समाज के संरक्षक या संबंधित संस्थान उनका बचाव जरूर करें, लेकिन साथ-साथ उन्हें खुद बचाव की तकनीक भी सीखने दें, ताकि बाद में उन्हें ऐसी नाकामी न झेलनी पड़े। इससे एक मजबूत युवा आबादी तैयार करने में काफी मदद मिलेगी।

□

जरूरी नहीं कि आधुनिक समाज बेहतर जीना सिखाए

कुछ साल पहले संयुक्त राज्य अमेरिका में सबसे ज्यादा बिकनेवाली किताब थी—'फ्रेंच वुमन डोंट गेट फैट'। हाल में अपनी एक अमेरिकी यात्रा के दौरान मैंने पाया कि अमरीकियों का ध्यान अब सुसंस्कारी फ्रेंच बच्चों की ओर हो गया है और जो किताब वहाँ धड़ाधड़ बिक रही थी, वह थी—'फ्रेंच चिल्ड्रेन डोंट थ्रो फूड'। यदि आप इसकी गहराई में जाएँ कि फ्रेंच लोगों के मुकाबले अमेरिकी व एशियाई कैसे अपने बच्चों की परवरिश करते हैं, तो आपको फर्क समझ में आ जाएगा। अमेरिकी व एशियाई लोगों के घर बच्चों के खिलौनों व तिपहिया साइकिल समेत उनसे जुड़ी तमाम चीजों से अँटे पड़े होते हैं, जिन्हें बच्चे घर में हर जगह फैलाते रहते हैं, जबकि फ्रेंच घरों में ये व्यवस्थित ढंग से जमे होते हैं, जिनमें बचपन से जुड़े कोई चिह्न नजर नहीं आते। जहाँ अमेरिकी व एशियाई लोगों को अपने बच्चों को रेस्त्राँ में सँभालने में दिक्कत पेश आती है, वहीं फ्रेंच अभिभावक शांतिपूर्वक दोस्तों से बतियाते रहते हैं और उनके बच्चे चुपचाप अपनी कुरसियों पर बैठे रहते हुए कटलरी की मदद से अपना खाना खाते हैं। वे अपने माता-पिता की परेशानी का सबब नहीं बनते।

यदि आप अमेरिकी या भारतीय घरों के बेडरूम में झाँकें तो पाएँगे

कि पलंग पर या तो बच्चा माता-पिता के बीच में सो रहा है और यदि उसका अलग कमरा है तो उसे मामूली सर्दी-जुकाम होते ही माता-पिता अपने कमरे में ले आते हैं। दूसरी ओर फ्रांस में बच्चों को धैर्य रखना सिखाया जाता है। बच्चों से यह उम्मीद की जाती है कि वे इस बात को समझें कि उनके माता-पिता अपना काम निपटाकर उनके पास आएँगे और तब तक उन्हें धैर्यपूर्वक इंतजार करना चाहिए। आप देख सकते हैं कि अमेरिकी व एशियाई लोग बाड़ से घिरे खेल के मैदान या मॉल में बच्चों के पीछे-पीछे घूमते रहते हैं। जबकि पेरिस जैसी जगहों पर देखा जा सकता है कि फ्रेंच माएँ जाकर बेंच पर बैठ जाती हैं और बच्चों को अपने हिसाब से खेलने-कूदने देती हैं। फ्रेंच अभिभावकों का मानना है कि बच्चे जब नाकाम होते हैं, गिरते हैं, चोटिल होते हैं तो इससे बहुत-कुछ सीखते हैं। वे जानते हैं कि बाड़ से घिरे खेल के मैदान या मॉल जैसी सुरक्षित जगहों पर उनके बच्चों को कोई गंभीर चोट नहीं लग सकती। एशियाई व अमेरिकी अभिभावक बच्चों द्वारा गलती करने पर भी उनकी संवेदनाएँ आहत न हों, इसका ध्यान रखते हैं। वे उनसे पूछते हैं, ''क्या तुम्हें लगता है कि अपने दोस्त के मुँह पर कीचड़ फेंककर तुमने बहुत अच्छा काम किया?'' वहीं फ्रांस में अभिभावक ऐसी स्थिति में बिना किसी लाग-लपेट के दो टूक कहते हैं, ''बस, बहुत हुआ। आगे से ऐसा हर्गिज न हो।'' बच्चों के शुरुआती दिनों में भारतीय अभिभावक व शिक्षकगण उनकी नाकामी को लेकर बहुत तनाव में आ जाते हैं और सफलता पर उन्हें समुचित सराहना नहीं मिलती। जबकि फ्रांस में बच्चों के साथ अब तक ऐसा कभी नहीं हुआ। मेरा यकीन करें, बच्चों के प्रति इस तरह की सख्ती बरतने के बावजूद फ्रांस में अमेरिका व भारत की तुलना में आत्महत्या का कोई भी मामला प्रकाश में नहीं आया। इस तरह की आत्महत्याओं के बढ़ते मामले और परिवारों के सिमटते आकार के चलते अमेरिकी व भारतीय परिवारों का जीवन पूरी तरह से बच्चों के इर्द-गिर्द घूमने लगा है।

फंडा यह है कि ज्यादातर आधुनिक समाज आपको बेहतरीन फैशन के बारे में तो बता सकते हैं, लेकिन आपको बेहतर जीवन जीना और अपने बच्चों की बेहतर ढंग से परवरिश करना शायद नहीं सिखा सकते। अब समय आ गया है कि हम भारतीय हर चीज के लिए अमेरिकी विचारधारा की ओर ताकने के बजाय जीवन को बेहतर बनाने के लिए दुनिया के दूसरे समुदायों पर भी गौर करें।

□

अपमानित करनेवाली सजा से करें तौबा

बीते शुक्रवार 6 जनवरी को मध्य प्रदेश के महू नामक सैन्य छावनी इलाके में रहनेवाले एक तेरह वर्षीय बालक हर्षित वाघमारे ने अपने कमरे में फाँसी लगाकर आत्महत्या कर ली। हर्षित जय गोविंद गोपीनाथ हायर सेकंडरी स्कूल में नौवीं कक्षा का छात्र था। उससे कक्षा में कंप्यूटर का स्टूल टूट गया था और उसे डर था कि उसके टीचर इस बात के लिए उसके खिलाफ सख्त शिकायत करेंगे। स्कूल से लौटकर उसने अपनी माँ से इसके बारे में आशंका भी जताई। इसके बाद वह सीधा अपने कमरे में चला गया। जब वह लंच के लिए बाहर नहीं आया तो उसकी माँ ने जाकर उसे पुकारा। जवाब न मिलने पर जब उसकी माँ कमरे के अंदर पहुँची तो उसे फाँसी के फंदे से झूलता हुआ पाया।

दरअसल, कई अभिभावक व टीचर बच्चों को उद्‌दंडता करने या बात न मानने पर ऐसी सजा दे देते हैं, जो उनके लिए मानसिक प्रताड़ना देनेवाली और अपमानजनक साबित होती है। ऐसा इस उम्मीद में किया जाता है कि इससे आखिरकार बच्चे को 'अपराध' की गंभीरता समझ में आएगी और वह अपने व्यवहार को सुधारते हुए भविष्य में ऐसी गलती नहीं दोहराएगा।

हालाँकि इस तरह की सजाएँ बच्चों का बरताव सुधारने के लिहाज

से कारगर नहीं होतीं। ऐसा इसलिए क्योंकि सजा बच्चे के मन पर इस कदर हावी हो जाती है कि वह इसके अलावा कुछ सोच ही नहीं पाता। सजा की वजह से बच्चे के भीतर क्रोध, रोष, दुख, डर और शर्मिंदगी जैसे भाव आते हैं और इस चक्कर में वह अपने द्वारा की गई गलती या दुर्व्यवहार के बारे में बिलकुल नहीं सोचता।

जब कोई अभिभावक अपने बच्चे को सबके सामने मारते-पीटते हैं या अपशब्द कहते हैं, तो बच्चा उस कृत्य से पूरी तरह से कट जाता है और उसी बात के बारे में सोचता रहता है कि उसके माता-पिता ने इतने सारे लोगों के सामने उसके साथ कैसा बरताव किया।

इस तरह उनका अपना बुरा बरताव बड़ों द्वारा अपनाए गए सजा के विकल्प के आगे धूमिल पड़ जाता है और उनके बीच संवाद पूरी तरह से टूट जाता है। ऐसे में दो ही बातें हो सकती हैं। पहली बात तो यह कि बच्चा यह सोचने लगे कि वह कैसे आपसे बदला ले और दूसरा विकल्प यह हो सकता है कि बच्चे का उन बड़ों पर से भरोसा पूरी तरह उठ जाए, जिन्हें वह अपनी मौजूदा हालत के लिए जिम्मेदार मानता हो।

बच्चों को इस तरह की सख्त सजा देने के हिमायती शिक्षकों का तर्क होता है कि उनके उद्दंड व्यवहार को सुधारने का यही तरीका है। लेकिन वे यह बात भूल जाते हैं कि इस चक्कर में उनका कक्षा में बच्चों को विषय संबंधी ज्ञान देने का मकसद पीछे छूट जाता है। ऐसा इसलिए क्योंकि बच्चा उस विषय से पूरी तरह कट जाता है। कई अभिभावक यह शिकायत करते हैं कि उनका बच्चा अमुक विषय की क्लास से बचने की कोशिश करता है, क्योंकि उसके टीचर बहुत सख्त हैं।

इसमें कोई शक नहीं कि शिक्षकों व अभिभावकों को यदा-कदा बच्चों को गलती करने से रोकने या उसके प्रति नाखुशी या नाराजगी दिखानी चाहिए। लेकिन इसके लिए उन्हें अपमानित करनेवाली सजा देने के बजाय इसके कोई बेहतर समाधान सोचे जाएँ।

फंडा यह है कि गलती करने पर बच्चों को ऐसी सजा देना ठीक नहीं है, जिससे वे खुद को अपमानित महसूस करें। इससे वे और बिगड़ैल हो जाएँगे। अभिभावकों व शिक्षकों को बाल-सुधार की 50 साल पुरानी तकनीकों को इस्तेमाल करने के बजाय नई तकनीकें खोजनी होंगी, ताकि हालात सुधर सकें।

□

हर चीज का होता है एक जीवनचक्र

इस दुनिया में हरेक उत्पाद या इनसान समेत प्रत्येक प्रजाति का एक जीवनचक्र होता है, जिसके बाद यह खत्म हो जाता या मर जाता है। इसी तरह हर जॉब की भी एक लाइफसाइकिल होती है और यदि इसमें अपग्रेडेशन या बदलाव न किया जाए, तो यह कुछ समय बाद मरने लगता है। इसी वजह से कहते हैं कि दुनिया में एक ही चीज स्थायी है और वह है बदलाव। सजीव प्राणियों का सर्वाधिक अहम जॉब है प्रजनन। हजारों वर्षों से तमाम प्रजातियों के नर व मादा साथ मिलकर अपनी संतति को आगे बढ़ाते चले आ रहे हैं। लेकिन अब यह चक्र पूरा हो गया है। नए शोध से पता चला है कि मादा द्वारा नर प्रजाति की मदद के बगैर भी बच्चे पैदा किए जा सकते हैं। हाल ही में दो मादा चूहों ने मिलकर एक चुहिया को जन्म दिया है, जिसका नाम 'कगुयु' रखा गया है। जापान में शोधार्थी दो अंडाणुओं को एक साथ जोड़ते हुए इनसे एक भ्रूण को विकसित करने में सफल रहे, जिसे बाद में एक वयस्क चुहिया की कोख में प्रत्यारोपित कर दिया गया। पिछले हफ्ते अपनी लंदन यात्रा के दौरान मेरी मुलाकात भारतीय मूल की लंदन-बेस्ड बॉयोलॉजिस्ट व जेनेटिसिस्ट आरती प्रसाद से हुई, जिनकी एक किताब 'लाइक ए वर्जिन : द साइंस ऑफ सेक्सलेस फ्यूचर' आई है। वह अपनी किताब में लिखती हैं कि किस तरह महिलाएँ किसी पुरुष के बगैर बच्चा पैदा कर सकती हैं। उनकी किताब, जो भारत में भी प्रकाशित हुई, में यह भी बताया गया है कि किस तरह पुरुष भी खासतौर पर उन्हीं के लिए बनी सिलिकॉन कोख के जरिए गर्भधारण कर

सकते हैं। बड़े जंतुओं में वर्जिन बर्थ के मामले पहले भी प्रकाश में आते रहे हैं। आरती की किताब में दुनिया भर के ऐसे कई प्राणियों की केस स्टडीज हैं। इन्हीं में से एक बोनट-हेड मादा शार्क भी है, जिसे एक अमेरिकी जंतु वाटिका में अलग-थलग रखा गया था और जिसका कभी नर शार्क से आमना-सामना नहीं हुआ। इसके बावजूद उसने वयस्क की तरह एक स्वस्थ नन्हीं शार्क को जन्म दिया।

1980 से वैज्ञानिक बच्चे पैदा करने की ऐसी प्रक्रिया पर काम कर रहे थे, लेकिन पहली सफलता टोक्यो यूनिवर्सिटी ऑफ एग्रीकल्चर में दर्ज की गई। अब 2012 में वैज्ञानिक लेबोरेटरी में इनसान की बोन-मैरो कोशिकाओं से अंडाणु व शुक्राणु तैयार करने में सफल रहे हैं। इससे पुरुष व महिलाओं को विपरीत लिंगियों की सहायता के बगैर अपने बच्चे पैदा करने में मदद मिलेगी। इनसान व चूहे की जेनेटिक संरचना एक जैसी होती है। इसलिए यदि ऐसा चूहों में संभव है, तो इनसानों में भी मुमकिन हो सकता है। एक बाधा यह है कि दो अंडाणुओं के सम्मिलन से एक भ्रूण मादा होगा। यदि आपको नर शिशु चाहिए, तो उसके लिए कुछ अलग तकनीक अपनानी पड़ेगी।

आरती अपनी किताब के आखिर में लिखती हैं कि अगले दस से पंद्रह वर्षों में यह तकनीक क्लीनिक्स में इस्तेमाल के लायक हो जाएगी। दुनिया भर में नपुंसकता की दर जिस तेजी से बढ़ रही है, उसमें ऐसी रिसर्च इनसानी पीढ़ियों को प्रजनन के वैकल्पिक रूपों के जरिए पनपने में मदद करेगी। इससे लगता है कि अगले दस वर्षों में पुरुष शिशुओं के निर्माण का जॉब भी खो देंगे और प्रजनन की प्रक्रिया नए सिरे से परिभाषित होगी।

फंडा यह है कि पुरुष के हाथ से किसी बच्चे का पिता बनने का सबसे सुरक्षित समझा जानेवाला जॉब भी अगले दस सालों में छिन जाएगा, क्योंकि इस जॉब की लाइफसाइकिल बदल रही या खत्म हो रही है। हर जॉब की एक लाइफसाइकिल होती है और इसे खत्म होने से बचाने के लिए इसके तौर-तरीकों में बदलाव करना जरूरी है।

□

किचन का खर्च घटाने के लिए अपनाएँ वालमार्ट का तरीका

यह कोई रहस्य नहीं है कि वालमार्ट एजेंटों या बिचौलियों के जरिए माल खरीदने के बजाय सीधे उत्पादकों के पास जाते हुए अपनी खरीद की लागत को कम कर लेता है और यही कारण है कि वह अन्य विक्रेताओं के मुकाबले चीजों को सस्ते दामों में बेच पाता है। लेकिन इस तकनीक को नियमित सब्जी आपूर्ति व्यवस्था में लागू करना और वह भी किसी राज्य सरकार द्वारा अनूठी बात लगती है।

आखिर शहर में रहनेवाला कौन सा शख्स सब्जियों के बढ़ते दामों को लेकर चिंतित नहीं होता? यदि कोई राज्य सरकार अपनी 'प्रजा' के किचन बजट को घटाना चाहती है तो वह महाराष्ट्र सरकार से प्रेरणा ले सकती है, जिसने अपने इस पायलट प्रोजेक्ट को सफलतापूर्वक क्रियान्वित किया है।

राज्य सरकार ने इसके लिए 30 करोड़ रुपए मंजूर किए हैं, जिनके इस्तेमाल से वर्ष 2012-14 के दौरान उसके पाँच शहरों—पुणे, अहमदनगर, सतारा, सांगली और सोलापुर के आस-पास के इलाकों में रहनेवाले 8500 किसानों से सब्जियों के संग्रहण, भंडारण व परिवहन की समुचित शृंखला स्थापित की जाएगी। सरकार शहर के बाजार में सस्ती सब्जियों की आमद सुनिश्चित कराने के लिए इस आपूर्ति शृंखला-व्यवस्था को आर्थिक सहायता देगी।

खेतिहर उत्पादों को किफायती बनाने की इस कोशिश से न सिर्फ बिचौलिए खत्म हो जाएँगे, बल्कि कीमतों में भी 20 फीसदी तक गिरावट आ जाएगी। इस प्रोजेक्ट के तहत कलस्टर फॉर्मेशन के जरिए सब्जियों की आपूर्ति के लिए एक समर्पित और निगरानीशुदा वितरण शृंखला स्थापित की जा रही है, जिससे आखिरकार मौजूदा बाजार मूल्यों के मुकाबले इनकी कीमतें कम हो जाएँगी।

वालमार्ट जैसी बड़ी निजी कंपनियों द्वारा अपनाई गई राह पर चलते हुए सरकार कॉन्ट्रेक्ट फार्मिंग से भी जुड़ रही है, जिसके तहत इन पाँच जिलों के चुनिंदा किसान एक निगरानी समिति की देखरेख में सब्जियाँ उगाएँगे। शुरुआत में सिर्फ 15-20 प्रचलित सब्जियों को कलस्टरों में उगाने के लिए चुना गया। इसके अलावा 15-20 किसानों के समूह भी तैयार किए गए, जो एक जैसी सब्जी उगाते हैं।

हरेक कलस्टर का कोल्ड स्टोरेज की सुविधायुक्त एक निर्दिष्ट संग्रहण केंद्र होगा, जहाँ पर इन उत्पादों का भंडारण किया जाएगा। एक एजेंसी यहाँ से इन उत्पादों को संग्रहित कर शहर ले आएगी और नेशनल हॉर्टीकल्चर मिशन (एनएचएम) द्वारा निर्दिष्ट किए गए रिटेलरों में वितरित कर देगी।

इस योजना को लागू करनेवाले स्टेट हॉर्टीकल्चर मिशन के प्रबंध संचालक सचिंद्रा देवणिकर के शब्दों में कहें तो यह योजना ग्राहकों को सस्ते दामों में ताजी सब्जियाँ मुहैया कराने के अलावा किसानों की आय बढ़ाने के मकसद से भी तैयार की गई है। महाराष्ट्र सरकार ने इस प्रयोग को विस्तार देते हुए ठाणे, रायगढ़, पुणे, नासिक और नागपुर जैसे शहरों तक पहुँचा दिया है।

शुरुआती चरण में यह कार्यक्रम कारगर लग रहा है और यह इसी तरह चलता रहा तो इसे अन्य राज्य सरकारों या स्थानीय निकायों द्वारा अपनाना भी फायदेमंद हो सकता है। यह प्रोजेक्ट राष्ट्रीय कृषि विकास योजना (आरकेवीआई) के तहत कृषि व सहकारिता विभाग (डीएसी) की मदद से चलाया जा रहा है।

फंडा यह है कि आज जबकि तमाम सेक्टरों में उत्पादन की लागत बढ़ रही है, मैनेजमेंट तकनीकों को अपनाते हुए उत्पाद की कीमतों में कमी लाई जा सकती है। यहाँ तक कि कृषि के क्षेत्र में आप ऐसा कर सकते हैं।

□

सेलिब्रेट करना चाहते हैं तो मोबाइल साथ न ले जाएँ

यदि कुछ साल बाद कोई आपको तनाव से बचने के लिए यह नुस्खा बताए कि अगले छह महीने तक ट्वीट न करें, तो आपको आश्चर्यचकित नहीं होना चाहिए। ऐसा इसलिए क्योंकि ट्वीटिंग रोज आपके सृजनात्मक समय में से 45 मिनट निगल लेती है और इस चक्कर में आपका बॉस द्वारा तय किए गए लक्ष्य को साधने का तनाव बढ़ जाता है। इसी तरह आपको मोटापा घटाने के लिए डॉक्टर की ओर से यह नुस्खा भी मिल सकता है कि फेसबुकिंग बंद कर दें। इसकी वजह यह है कि फेसबुक के चक्कर में आप काउच पॉटेटो की तरह घंटों एक जगह बैठे रहते हैं, जिससे आपका मोटापा बढ़ता है। फेसबुकिंग के बजाए 45 मिनट तक तेज कदमों से चलने की आदत डालें।

पिछले एक दशक से अपने ऑफिस के कैबिन में रोज 18 घंटे तक बितानेवाले कम-से-कम तीस फीसदी एक्जीक्यूटिव्स हड्डियों की एक बीमारी का शिकार हैं। यह बीमारी है ऑस्टियोपोरोसिस, जिसमें सूरज की किरणों की कमी की वजह से हड्डियाँ कमजोर हो जाती हैं। डॉक्टर उनके परचे में विटामिन की गोलियों के अलावा बड़े-बड़े अक्षरों में साफ-साफ लिखते हैं—सुबह सात से आठ के बीच पैंतालीस मिनट तक सूर्य की रोशनी में सैर करना सबसे अच्छा है। इस शाम जब आप किसी न्यू ईयर पार्टी में जाएँ, तो वहाँ युवाओं के बरताव को गौर से देखें। वे आपको लोगों के साथ बतियाने के बजाय मोबाइल फोन

पर बात करते हुए ज्यादा नजर आएँगे। मैं हाल ही में एक क्रिसमस पार्टी में गया था। चूँकि मैं उस समुदाय के लिए नया था, लिहाजा मेरी आँखें और कान उनकी तमाम हरकतों को ग्रहण करने के लिए तैयार थे। लेकिन मैं यह देखकर दंग रह गया कि युवा अपने इलेक्ट्रॉनिक डिवाइस यानी मोबाइल फोन से अपनी आँखें और अंगुलियाँ हटाए बगैर ही आपके तमाम सवालों के जवाब देने में पूरी तरह दक्ष थे। ये लोग पार्टी में इधर-उधर घूम जरूर रहे थे, लेकिन उनकी आँखें अपने हाथ में पकड़े मोबाइल से ही चिपकी हुई थीं। इस तरह उनका आँखों के जरिए दूसरों से कोई संपर्क नहीं हो रहा था। हमारे समाज और खासकर युवा पीढ़ी के बीच यह आम चलन हो गया है कि अकेले कंप्यूटर पर बैठे रहो और वैकल्पिक दुनिया में अपने दोस्तों से चैट करते रहो। मैंने इस मिडनाइट पार्टी में दो युवाओं को आपस में परिचय करते हुए देखा। उन्होंने एक-दूसरे से 'हैलो' कहा, हाथ मिलाया और मोबाइल नंबर का आदान-प्रदान किया। कुछ पलों के बाद एक युवा दूसरे को फेसबुक पर फ्रेंड रिक्वेस्ट भेज रहा था और दूसरा युवा अपने इस नए दोस्त को अपनी लेटेस्ट प्रोफाइल पिक्चर एसएमएस कर रहा था। ये युवा एक-दूसरे को टेक्स्ट मैसेज भेज रहे थे। अलबत्ता उन दोनों के बीच उतनी ही दूरी थी, जितनी इस वक्त आपके और हाथ में पकड़े इस पुस्तक के बीच। हम हमेशा सोचते थे कि नए-नए तकनीकी आविष्कार दूरी पाटने के लिए होते हैं, लेकिन यह नहीं जानते थे कि ये एक-दूसरे के बगल में खड़े दो लोगों के बीच दीवार भी खड़ी कर सकते हैं।

न्यूयॉर्क टाइम्स ने हाल ही में बताया कि आज से बीस साल बाद युवाओं द्वारा दूसरे लोगों के साथ जुड़ाव कायम न कर पाने या उनकी भावनाओं को न समझ पाने के बारे में खूब लेख प्रकाशित होंगे, क्योंकि मौजूदा पीढ़ी धीरे-धीरे नए गैजेट्स पर निर्भर होती जा रही है। वाशिंगटन पोस्ट का कहना है कि साल-दर-साल समुचित भाषा न लिख पाने की व्याधि बढ़ती जा रही है, क्योंकि मोबाइल फोन में आप किसी भी तरह की वर्तनी का इस्तेमाल कर सकते हैं और संदेश ग्राहक शब्दों को इसके उच्चारण के आधार पर समझता है, वर्तनी के हिसाब से नहीं। इस तरह युवा आबादी की लिखित अंग्रेजी की गुणवत्ता भी प्रभावित होती है।

फंडा यह है कि फेसबुक से जुड़ना दूर बैठे मित्रों और परिजनों के लिहाज से तो ठीक हो सकता है, लेकिन इन सोशल नेटवर्किंग साइट्स को लोगों के साथ व्यक्तिगत संवाद करने के समय पर हावी नहीं होने देना चाहिए। आज की रात अपने मोबाइल फोन को पीछे छोड़ें और नए दिन का स्वागत किसी अपने का हाथ थामकर करें, मोबाइल थामकर नहीं। भारत के उस मूल विजन को रीबूट करने का समय आ गया है, जो हमारे पूर्वज हमें विरासत में सौंप गए हैं।

□

लंबे समय तक बना रहता है प्यार के नियम-कायदों का असर

कई साल पहले की बात है, जब जैकब नीड्लमैन सैन-फ्रांसिस्को स्टेट यूनिवर्सिटी में अपने छात्रों को पढ़ा रहे थे। एक्जीक्यूटिव प्रोग्राम के तीस छात्रों से उन्होंने एक सवाल पूछा, हम अच्छे कैसे बन सकते हैं ? एक छात्र ने अपने हाथ खड़े किए और कहा कि मैंने अच्छाई अपने पाँच वर्षीय बेटे से सीखी। उसने आगे बताया कि मैं और मेरा बेटा मेक्सिको में क्रिसमस का आनंद ले रहे थे। वह प्रफुल्लित होकर उन खिलौनों के साथ खेल रहा था, जो एक रात पहले उसे मिले थे। तभी पास की झुग्गियों में रहनेवाला एक लड़का वहाँ आया।

मैंने बेटे से अपना एक खिलौना उसे देने को कहा। उसने पहले तो मना कर दिया, लेकिन कुछ मिन्नतों के बाद वह राजी हो गया और वह खिलौना लेकर आया, जो उसे सबसे कम पसंद था। मैंने बेटे की आँखों में देखते हुए कहा कि तुम उसे अपना पसंदीदा खिलौना दे दो। इस बार उसने मेरी बात मानने से इनकार कर दिया, लेकिन मेरा कड़ा रुख भाँपकर वह अनमने ढंग से दरवाजे की ओर गया और अपना मनपसंद खिलौना उसे दे दिया।

स्वाभाविक रूप से मुझे यही लग रहा था कि लौटकर आने पर मुझे अपने बेटे को समझाना-बुझाना पड़ेगा, उसे ढाढ़स बँधाना होगा, लेकिन मेरे आश्चर्य

का ठिकाना नहीं रहा, जब लौटते हुए उसकी चाल में मैंने एक अलग तरह का उत्साह महसूस किया। एक पाँच वर्षीय बच्चे के भोलेपन के साथ मेरी आँखों में देखते हुए उसने कहा कि यह बड़ा ही अनोखा अनुभव था। क्या मैं फिर से ऐसा कर सकता हूँ?

कई साल पहले जब मेरी बेटी छह साल की थी, तब दीवाली के समय मैंने उसे समझाया कि हमें पटाखे नहीं खरीदने चाहिए, क्योंकि एक तो वे वातावरण को प्रदूषित करते हैं और दूसरा, पैसों को जलाने का कोई नतीजा नहीं निकलता। पटाखों को जलाने और इसके धमाके की आवाज से मिलनेवाली खुशी मिलने पर खर्च होने वाले पैसे से कहीं अधिक है। मेरे इस भाषण का उस पर कोई असर नहीं पड़ा। उसकी उम्र के बाकी बच्चों की तरह उसने बिना देर किए मेरी बात का विरोध किया, लेकिन मेरे कड़े रुख को भाँपकर दरवाजे की ओर अपनी दादी के पास चली गई। मेरी माँ उसका हाथ अपने हाथों में लेकर उसे समझाने लगीं कि किस तरह जानवर पटाखों से डरते हैं और धमाकों की आवाज से असहज हो जाते हैं। उसे कुछ समझ नहीं आया, सिवाय इसके कि हमारे पालतू डॉगीज किस तरह पटाखों की आवाज सुनकर पलंग के नीचे छिप जाते हैं।

दरअसल, दीवाली से तीन दिन पहले स्कूलों में छुट्टियाँ शुरू हो जाती हैं और बच्चे पटाखे जलाने की प्रैक्टिस शुरू कर देते हैं। इससे परेशान हमारे घर के डॉगीज पलंग के नीचे छिपने को मजबूर हो जाते हैं। मेरी माँ बाहर गईं और कॉलोनी के सभी कुत्तों को खाने का लोभ देकर अपने साथ घर ले आईं। कॉलोनी के सभी डॉग हमारे पालतू जानवरों को अच्छी तरह जानते हैं और इनमें से बारह कुत्ते खुशी-खुशी घर आ गए। अगले पाँच दिनों तक वे सभी हमारे घर में रहे और पटाखों की आवाज से बचने के लिए कार के नीचे छिपने की मजबूरी से बच गए।

मेरी बेटी उनके साथ खूब घुल-मिल गई। उसने इन सबका अलग-अलग नाम रखा और इन्हें अपने हिस्से का खाना तक खिलाया। इसके बाद वे जब तक कॉलोनी में रहे, उनका यही नाम रहा। वे मेरी बेटी का खूब ध्यान रखते और यदि कभी वह उनसे रूखा व्यवहार भी करती तो उसका बुरा नहीं

मानते। यह कहानी करीब 15 साल पुरानी हो चुकी है और तब से लेकर आज तक हमने एक भी पटाखा नहीं खरीदा है।

फंडा यह है कि प्यार का कानून ऐसा होता है, जो आपको अच्छे काम बार-बार करने के लिए बाध्य कर देता है और इसका असर लंबे समय तक बना रहता है।

□

बुजुर्ग हमारी संपत्ति हैं, बोझ नहीं

कहानी-1

इलाहाबाद विश्वविद्यालय में उर्दू की सेवानिवृत्त रिसर्च स्कॉलर लक्ष्मी गुप्ता अपनी सहेली (रूममेट) से शिकायत कर रही थीं, देखो, बच्चे कितने गैर-जिम्मेदार तरीके से व्यवहार करते हैं। मैंने उससे कहा था कि घर पहुँचते ही मुझे फोन कर बता दे, लेकिन उसे यहाँ से निकले तीन घंटे हो चुके हैं और यहाँ से घर का रास्ता मुश्किल से 45 मिनट का है। वह अपने 52 वर्षीय बेटे के बारे में बात कर रही थीं, जो एक बड़ी म्यूजिक कंपनी में वाइस प्रेसीडेंट है और कुछ घंटे पहले उससे मिलने आया था। काफी देर बाद जब फोन आया तो वह एक 9 साल की बच्ची की तरह दौड़ पड़ीं। वहीं दूसरी ओर से उनका बेटा बार-बार माफी माँग रहा था, मैं संगीत के क्षेत्र में शोध से संबंधित एक बहस में उलझ गया था और सुरक्षित घर पहुँच गया हूँ। हालाँकि, हो सकता है, मैं अगले महीने आपसे मिलने नहीं आ पाऊँ, लेकिन अगले दो महीनों में आपका हाल-चाल लेने जरूर आऊँगा। इतना कहकर उसने फोन रख दिया। लक्ष्मी ने मुसकराते हुए राहत की साँस ली और फिर से वृद्धाश्रम की प्रार्थना सभा की तैयारियों में जुट गईं। वे इसी वृद्धाश्रम में रहती हैं और प्रार्थना सभा में उनके उर्दू के शेरों को सभी बड़े चाव से सुनते हैं। उनकी गजल और शेर सैकड़ों वृद्धजनों के दिलों को सुकून पहुँचाते हैं, जिनके बच्चे आसपास ही रहते हैं। लेकिन उनके घरों में इतनी जगह नहीं है कि वे उन्हें अपने साथ रख सकें।

'क्या कहें कुछ कहा नहीं जाता'

कहानी-2

आप शाम को किसी पार्टी में जा रहे हैं और पार्टी में मौजूद लोगों को प्रभावित करने के लिए कोई गजल या शेर अथवा किसी कवि की आत्मकथा की कुछ पंक्तियाँ गाकर सुनाना चाहते हैं। आपने घर में इसे याद करने की भरपूर कोशिश की, लेकिन पार्टी में पहुँचते ही गजल का आधा हिस्सा आप भूल गए। चिंता की कोई बात नहीं। स्मार्टफोन का उपयोग करनेवाले लोग भूली हुई गजल के कुछ शब्दों को सर्च ऑप्शन में डालकर पूरी गजल ढूँढ़ सकते हैं। ये उर्दू, देवनागरी और रोमन लिपियों में उपलब्ध हैं और इन्हें ईमेल तथा प्रिंट करने के अलावा रेफरेंस के लिए भी रखा जा सकता है, ताकि पार्टी में इसकी मदद से आप पूरी गजल गा सकें। आप इसके लिए rekhta.org पर लॉग इन कर सकते हैं, जहाँ मिर्जा गालिब और फिराक गोरखपुरी से लेकर लखनऊ, कानपुर, लाहौर और कराची जैसे शहरों के आधुनिक गजल गायकों की रचनाएँ भी उपलब्ध हैं। इन वेबसाइट पर 2500 से ज्यादा गजलें, 200 से ज्यादा कवियों की कविताएँ, 3000 से ज्यादा चौपाइयाँ, हाइपर लिंक के साथ 11 ई-बुक्स तथा ऑनलाइन डिक्शनरी भी उपलब्ध है, जिसमें 40000 से ज्यादा शब्द हैं। आप बेगम अख्तर और फरीदा खानम की रचनाएँ सुन नहीं पा रहे तो इस वेबसाइट की मदद लीजिए। हर गजल की रिकॉर्डिंग उन पेशेवर लोगों द्वारा की जाती है, जो रेडियो स्टेशन के लिए रेडियो जॉकी को उर्दू शब्दों के उच्चारण का प्रशिक्षण देते हैं। वे रिकॉर्डिंग से पहले गजल के तलफ्फुज और लहजे की जाँच करते हैं। वेबसाइट के प्रमोटर संजीव सराफ ने रेफरेंस के लिए पुरानी दिल्ली के उर्दू बाजार तथा दरियागंज में रविवार को लगने वाले बुक मार्केट से किताबें खरीदीं। विद्वानों के साथ प्रोफेसरों और शायरों के एक दस सदस्यीय पैनल ने साइट पर प्रकाशित हर जानकारी की सत्यता को परखा। सप्ताह के सातों दिन एक रिसर्च टीम 800 साल पुरानी गजलों की परंपरा की हर रचना को खँगालने के काम में लगी है और इसके अधिकांश सदस्य बूढ़े हैं।

फंडा यह है कि बुजुर्ग हमारी संपत्ति हैं या जिम्मेदारी, इसका फैसला खुद हमें ही लेना होगा। यदि नई पीढ़ी इन अनुभवी लोगों को अकेले में जीने-मरने के लिए छोड़ती है तो यह उसकी निरी मूर्खता है। जब हम छोटे थे तो ये हमारी संपत्ति थे, फिर बड़े होने पर वे हमारे लिए भार कैसे बन सकते हैं?

□

इच्छाओं को सीमित करेंगे तो खुश रहेंगे

हाल में एक दंपती काउंसिलिंग के लिए डॉक्टर के पास पहुँचे। वे पच्चीस साल से विवाहित थे, लेकिन हाल के दिनों में उनके जीवन में तनाव और असहजता अचानक बढ़ने लगी थी। पत्नी की शिकायत यह थी कि पति घर के बजट को इतना कम करते जा रहे हैं कि उनके बच्चों के लिए जीवन की खुशियों का मजा लेना मुश्किल हो रहा है। पत्नी ने हालाँकि यह भी बताया कि उनके पति को कोई बुरी लत नहीं है। वे भविष्य के लिए बचत करने के प्रयास में वर्तमान को भूलते जा रहे हैं। डॉक्टर ने उन्हें एक कहानी सुनाई और उनकी समस्या का समाधान कर दिया कहानी कुछ इस प्रकार थी—

बहुत पुरानी बात है। एक राजा था, जिसके पास किसी चीज की कोई कमी नहीं थी। वह आराम के साथ अपनी जिंदगी जी रहा था, लेकिन इसके बावजूद वह न अपने जीवन से खुश था और न ही संतुष्ट। एक दिन राजा की नजर अपने एक नौकर पर पड़ी, जो काम करते हुए गाना गा रहा था।

यह देखकर, राजा के आश्चर्य का ठिकाना नहीं रहा। वह यह सोचने लगा कि आखिर ऐसा क्या है, राजा होकर भी वह निराश और दुखी है, जबकि उसका नौकर इतना खुश है। राजा ने नौकर से पूछा, तुम इतने खुश

कैसे हो? नौकर ने जवाब दिया, महाराज, मैं एक नौकर हूँ। मेरे और मेरे परिवार की जरूरतें काफी सीमित हैं—हमें केवल रहने के लिए छत और पेट भरने के लिए भोजन चाहिए होता है। राजा इस जवाब से संतुष्ट नहीं हुआ और उसने अपने सबसे विश्वस्त सलाहकार से इस बारे में पूछा। राजा की परेशानी और नौकर का जवाब सुनने के बाद सलाहकार ने कहा, महाराज, मुझे लगता है, उस नौकर को अब तक 'द 99 क्लब' का सदस्य नहीं बनाया गया है!

यह '99 क्लब' क्या है? राजा ने पूछा। सलाहकार ने कहा कि वह उसे मानवीय स्वभाव की प्रयोगशाला में कुछ प्रैक्टिकल कर इस बारे में बताएगा। सलाहकार ने एक बैग में सोने के 99 सिक्के रखे और उसे नौकर के घर के दरवाजे पर रख दिया। नौकर ने बैग देखा तो उसे घर के अंदर ले आया। बैग खोलने पर सोने के इतने सारे सिक्के देखकर उसकी खुशी का ठिकाना नहीं रहा। वह सिक्के गिनने लगा। कई बार गिनने के बाद उसे यह पक्का भरोसा हो गया कि इसमें 99 सिक्के ही हैं। वह सोचने लगा, एक सिक्का कहाँ चला गया? आखिर कोई 99 सिक्के क्यों छोड़ेगा। जहाँ भी संभव था, नौकर ने सौवें सिक्के को ढूँढ़ा, लेकिन वह उसे नहीं मिला। थककर हारने के बाद उसने फैसला किया कि वह ज्यादा मेहनत कर एक सिक्का कमाएगा और सौ सिक्के पूरे करेगा।

उस दिन के बाद से नौकर की जिंदगी बदल गई। वह हमेशा काम में लगा रहता, छोटी-छोटी बातों पर गुस्सा करता और अपने परिवार के लोगों से शिकायत करता कि वे उसे सौवाँ सिक्का कमाने में मदद नहीं कर रहे हैं। अब उसने काम करते हुए गाना भी बंद कर दिया था। नौकर के व्यवहार में आए बदलावों को देखकर राजा परेशान हो गया। राजा ने इस बारे में फिर से अपने सलाहकार से पूछा तो उसने बताया, महाराज, अब वह नौकर भी 'द 99 क्लब' का सदस्य बन गया है। उसने आगे बताया कि 'द 99 क्लब' उन लोगों के क्लब का नाम है, जिनके पास खुश रहने के लिए सारी चीजें हैं, लेकिन वे इससे संतुष्ट नहीं रहते और हमेशा और ज्यादा हासिल करने की कोशिश में लगे रहते हैं।

वे खुद से कहते हैं, मुझे यह एक चीज और मिल जाए तो मैं जीवन भर खुश रहूँगा। हम अपने जीवन में थोड़े से भी खुश और संतुष्ट रह सकते हैं, लेकिन जैसे ही हमें कुछ अच्छा और बेहतर मिल जाता है, उससे भी बेहतर हासिल करने की इच्छा जाग उठती है। हम अपनी नींद खो देते हैं, हमारी खुशियाँ छिन जाती हैं, हम अपने आसपास के लोगों को दुखी करने लगते हैं और यह सब हमारी बढ़ती जरूरतों और इच्छाओं का नतीजा होता है।

फंडा यह है कि जो हमारे पास है, उसमें खुश और संतुष्ट रहना जीवन की एक कला है। 99 क्लब का सदस्य बनना अनिवार्य नहीं है और फैसला खुद आपके ऊपर निर्भर करता है।

□

संबंधों को भुलाना इतना आसान नहीं

जरा टीवी पर खरीदने-बेचने के विज्ञापनों को याद कीजिए—कोई गिटार बेच रहा है, कोई पेंटिंग तो कोई अपने जूते। ऐसी चीजें जो पहले उनके लिए बेशकीमती थीं, लेकिन अब जब ऐसा नहीं है तो वे उन्हें अपनी आँखों से दूर करना चाहते हैं। विज्ञापनों में हालाँकि उन्हें इन चीजों को खुशी-खुशी बेचते हुए दिखाया जाता है, लेकिन इसके बारे में कुछ हालिया अध्ययन अलग ही कहानी बयाँ करते हैं। वेलेंटाइन डे दरअसल लड़कियों के लिए गिफ्ट की उम्मीद और उपहार को स्वीकार करने का दिन है। यह उपहार एक रुपए कीमत वाले गुलाब के फूल से लेकर महँगा ईयर रिंग तक हो सकता है, जिसकी कीमत आपकी क्षमताओं पर निर्भर करती है। यह किसी अविवाहित लड़की से लेकर शादीशुदा महिला तक के लिए हो सकता है। लड़कियाँ इन उपहारों को बेहद पसंद करती हैं, खासकर यदि यह उन्हें अपने ब्वॉयफ्रेंड, होनेवाले पति या फिर उनके पहले बॉस से मिला हो।

लेकिन क्या होता है, जब फर्स्ट रिलेशन ही कड़वा हो जाए? लोग हर उस चीज को अपनी आँखों से दूर करना चाहते हैं, जो कभी उनके लिए बेशकीमती थी, लेकिन अब उनकी पुरानी यादों को ताजा करती है। वे खराब हो चुके संबंधों को दोबारा याद नहीं करना चाहते। युवा पीढ़ियाँ इन कड़वी यादों से न केवल अपना पीछा छुड़ा रही हैं, बल्कि उन्हें बेचकर पैसे भी कमा रही हैं। ओएलएक्सइन के सीईओ अमरजीत बत्रा का कहना है कि

उनकी वेबसाइट पर इन चीजों को बेचने का काम अधिकतर ऐसी महिलाएँ करती हैं, जो उन्हें उनके अतीत की याद दिलाते हैं। यह अतीत उनका पति, बॉस या फिर ब्वॉयफ्रेंड कोई भी हो सकता है। चूँकि वे अपने मानसिक दर्द से दूर रहने के लिए इन चीजों को बेचती हैं, तो इनकी कीमत कम रखती हैं और इसलिए उन्हें आसानी से खरीदार भी मिल जाते हैं। वेलेंटाइन डे की वजह से साइट पर ऐसी चीजों की भरमार है, जो अब कड़वी यादों से लिपटी हुई हैं और इसके चलते लोग उन्हें बेचना चाहते हैं। इनमें कॉफी मग, फर्नीचर, जूते, कपड़े, कलाई घड़ी और खिलौने तक शामिल हैं। ऐसे अधिकांश प्रस्ताव उन शहरों से आ रहे हैं, जहाँ आईटी क्षेत्र में काम करनेवाले शिक्षित युवाओं की संख्या ज्यादा है। बत्रा ने बताया है कि उनकी साइट पर ऐसे 15 प्रतिशत प्रस्ताव अकेले बेंगलुरु शहर से आ रहे हैं। आईटी सिटी कहे जानेवाले बेंगलुरु के 1500 से ज्यादा विक्रेता साइट पर रजिस्टर्ड हैं। इतना ही नहीं, अनुमानित आँकड़ों के अनुसार ऐसी 40 प्रतिशत से ज्यादा चीजें उन लोगों द्वारा बेची जाती हैं, जिनका अपने पार्टनर के साथ ब्रेक अप हो चुका है या फिर जिन्होंने आधिकारिक रूप से तलाक ले लिया है।

यूजर्स बेचे जानेवाले प्रॉडक्ट की तसवीर के साथ एक विज्ञापन दे सकते हैं। इसका मकसद उन युवाओं को आकर्षित करना है, जो खराब संबंधों के दौर से गुजर चुके हैं और अब अपने नए महिला या पुरुष मित्र के साथ खुश हैं। वे कड़वी यादों को अपने पास फटकने भी नहीं देना चाहते। खरीदने और बेचनेवाले ईमेल एड्रेस और फोन नंबर्स की मदद से एक-दूसरे के संपर्क में आते हैं। इनमें से अधिकांश लोगों का संबंध आईटी क्षेत्र से होता है। शादीशुदा पुरुषों से उनकी पत्नियाँ अकसर घर में पड़े उनकी पुरानी गर्लफ्रेंड से मिले गिफ्ट के बारे में सवाल-जवाब करती रहती हैं। इससे परेशान होकर वे इन चीजों को बेचने के लिए मजबूर हो जाते हैं, ताकि उनके संबंध सौहार्दपूर्ण बने रहें। इस पैसे से वे अपनी नई वेलेंटाइन के लिए गिफ्ट खरीदते हैं।

फंडा यह है कि सही संबंधों का चुनाव बेहद महत्त्वपूर्ण है, क्योंकि पैसों से खरीदे गए पुराने गिफ्ट्स को बेचकर आँखों से दूर किया जा सकता है, लेकिन दिमाग से उन पुरानी यादों को दूर करना मुश्किल होता है। दुनिया में ऐसी कोई साइट नहीं है, जो आपकी पुरानी यादों को आपसे दूर कर सके। ये यादें अच्छी हों या बुरी, इन्हें आपको ही झेलना है।

□

दया और करुणा के कई अर्थ

कहानी-1

यह वीभत्स किस्सा पायाली नामक एक छोटे से गाँव का है, जो मध्य प्रदेश में जबलपुर से 150 किलोमीटर दूर मंडला जिले की नैनपुर तहसील का हिस्सा है। वर्ष 2012 में 26-27 दिसंबर की रात को 32 वर्षीय राजकुमार अपनी भतीजी को बहला-फुसलाकर सुनसान इलाके में ले गया। फिर उसके साथ दुष्कर्म कर उसकी हत्या कर दी। वह अगले दिन पकड़ा गया और 21 जनवरी को निचली अदालत में पेश किया गया। पक्ष-विपक्ष के तर्कों को सुनने के बाद न्यायमूर्ति वीरेंद्र कुमार पांडे ने 5 फरवरी, 2013 को फैसला सुनाया। अपने फैसले में जज ने टिप्पणी की कि आरोपी ने 14 वर्षीय भतीजी का विश्वास तोड़ा है और इस जघन्य अपराध के लिए उसे मौत की सजा मिलनी चाहिए।

एक दिन पहले ही इसी अदालत में एक दूसरे मामले की सुनवाई हुई थी। इसमें एक शिक्षक, जिसकी एक महीने बाद शादी होने वाली थी, अपनी भावी पत्नी को घुमाने ले गया और उसके साथ शारीरिक संबंध बनाने की कोशिश की। लड़की के मना करने पर उसने चाकू से उसे मारने की कोशिश की और सुनसान इलाके में उसे अकेला छोड़कर चला आया। लड़की घायल थी और उसके शरीर से खून बह रहा था, लेकिन वह बच गई। इस मामले में जज ने टिप्पणी की कि शिक्षक का दायित्व युवा पीढ़ी को नया रास्ता दिखाना

होता है, लेकिन आरोपी ने न केवल जघन्य अपराध किया है, बल्कि अपनी होनेवाली पत्नी के साथ अभद्र व्यवहार किया है। इसके लिए उसे माफ नहीं किया जा सकता और उसे आजीवन कारावास की सजा सुनाई। दोनों पीड़ित परिवारों का कहना था कि न्यायमूर्ति वीरेंद्र कुमार पांडे ने मामले की जल्दी सुनवाई और त्वरित फैसला सुनाकर उनके प्रति दया दिखाई है।

कहानी-2

मुझे नहीं पता कि आपमें से कितने लोगों को मदर टेरेसा का बायाँ पाँव देखने का मौका मिला था। उनके बाएँ पैर का अगला हिस्सा विकृत था। उसमें गाँठें पड़ी हुई थीं और अंगुलियाँ गलत दिशा में मुड़ी हुई थीं। क्या यह समस्या जन्मजात थी, किसी दुर्घटना का नतीजा थी या फिर किसी बीमारी के कारण ऐसा हुआ था? इनमें से कोई भी इसका कारण नहीं था। मदर टेरेसा जिस संस्था के लिए काम करती थीं, उसके पास जरूरतमंदों के बीच बाँटने के लिए पुराने जूतों का जखीरा आता था। मदर टेरेसा इस जखीरे में जो सबसे खराब जूता होता था, वह अपने लिए चुनती थीं। जूते उनके पैरों में कितने भी बेतरतीब क्यों न हों, लेकिन वह अपने लिए वही रखती थीं। उनके ऐसा करने का कारण क्या था? दरअसल, वह जिनकी भलाई के लिए काम करती थीं और जिन्हें बेइंतहा प्यार करती थीं, उन्हें यथासंभव बेहतर चीजें उपलब्ध कराना चाहती थीं। वे चाहती थीं कि उन्हें खराब में से भी सबसे अच्छा मिले, न कि खराब में से सबसे खराब। कई सालों तक लगातार ऐसा करने से उनके पैर विकृत हो गए। इस तरह दूसरों के लिए प्यार और करुणा दिखाते हुए उन्होंने खुद को अपंग बना लिया।

कहानी-3

एक दिन कुछ लोग अपने गुरु के पास जमा हुए और पूछा, इस दुनिया में जहाँ कुछ भी स्थायी नहीं है और जहाँ आप अपनी बनाई, खरीदी और सहेजी हुई चीजों की भी रक्षा नहीं कर सकते, आप खुश कैसे रह सकते हैं, हम सभी जानते हैं कि भगवान के बनाए इस जीवन पर हमारा कोई नियंत्रण नहीं है, लेकिन कम-से-कम हमारी सांसारिक संपत्तियों पर कुछ तो नियंत्रण

होना चाहिए। गुरु ने एक गिलास उठाया और उन्हें दिखाते हुए कहा, यह गिलास मुझे किसी दूसरे ने दिया है। यह बड़े प्यार से मेरे लिए पानी रखता है और सूर्य की रोशनी में चमकता है। लेकिन किसी दिन ऐसा हो सकता है कि हवा इसे नीचे गिरा दे या मेरे हाथों से टकराकर यह नीचे गिर जाए। मुझे पता है कि यह गिलास पहले से ही टूटा हुआ है। इसलिए मैं इसका खूब मजा लेता हूँ।

फंडा यह है कि दया कुछेक ऐसे शब्दों में शामिल है, जिसके अलग-अलग समयों पर अलग-अलग अर्थ होते हैं। अपने लोगों, काम और कर्तव्यों से जुड़ाव के साथ भौतिक तत्त्वों के प्रति तटस्थता दया का वास्तविक मतलब है। आप कितने दयालु हैं, इसका पता खुद ही कीजिए।

□

खून के रिश्तों से ही नहीं बनता परिवार

वर्ष 1970 में भारतीय रिजर्व बैंक में एक प्रतिष्ठित पद पर कार्यरत तिलोत्तमा भिडे ने मुंबई में सिद्धि विनायक मंदिर के निकट प्रभादेवी में एक सी-फेसिंग टू बेडरूम अपार्टमेंट खरीदने का फैसला किया। 900 वर्गफीट के इस फ्लैट की कीमत उस वक्त एक लाख रुपए थी।

यह उनकी दिली तमन्ना थी। जो उनके परिवार के पुरुष नहीं कर सके, उसे वह करना चाहती थीं। उन्होंने इसे खरीदते हुए ऐसा कर भी दिखाया। अपने बढ़ते कॅरियर और खुद को मुंबई की एक पॉश कॉलोनी में पहुँचाने के चक्कर में वह इतनी खो गईं कि अपने लिए कोई उपयुक्त जीवनसाथी भी नहीं तलाश पाईं। हालाँकि दिल के किसी कोने में जीवनसाथी पाने की थोड़ी-बहुत चाहत कभी जरूर उठी, लेकिन ऐसे किसी 'उपयुक्त' पार्टनर की अनुपलब्धता के चलते वह अविवाहित ही रहीं। उन्हें लगता था कि रहने के लिए एक सुसज्जित मकान और भारी बैंक बैलेंस एक अकेली महिला के लिए अपना जीवन हँसी-खुशी गुजारने के लिहाज से पर्याप्त होगा। इस वजह से भी उन्होंने अपने लिए कोई साथी तलाशने की नहीं सोची।

बहरहाल, तीन दशक तक विभिन्न उच्च पदों पर काम करने के बाद तिलोत्तमा रिटायर होकर अपने इस खूबसूरत सी-फेंसिंग अपार्टमेंट में रहने पहुँच गईं। जिंदगी अपनी रफ्तार से आगे बढ़ती रही और धीरे-धीरे सेहत ने

अपना असली रंग दिखाना शुरू कर दिया। वह फिलहाल 86 साल की हैं और उनका अब तक दो बार हिप रिप्लेसमेंट और एक बार घुटने की सर्जरी हो चुकी है। 28 दिसंबर, 2012 को उन्होंने पुलिस में शिकायत दर्ज कराई कि उनके रिश्तेदार फ्लैट के लिए उन्हें गिद्धों की तरह घेर रहे हैं और उनके बैंक खातों से धोखाधड़ी कर लाखों रुपए निकाले जा चुके हैं। फिलहाल उनके इस फ्लैट की कीमत तकरीबन एक करोड़ रुपए है। उन्होंने अपने भतीजे मुकुंद भिडे पर आरोप लगाया, जो तकरीबन चार साल पहले अचानक उनकी जिंदगी में आया और अपने झूठे सेवाभाव और प्यार से उनका मन जीत लिया। उसकी सेवा से प्रभावित होकर तिलोत्तमा ने उसे अपने तमाम बैंक खातों में संयुक्त लाभार्थी बना लिया, ताकि वह उनके बैंकिंग संबंधी लेन-देन को सँभाल सके। तिलोत्तमा ने अपनी शिकायत में आरोप लगाया कि मुकुंद न सिर्फ उनके बैंक खातों से लाखों रुपए निकालकर चंपत हो गया, बल्कि मकान के ऑरिजिनल कागज और शेयर सर्टिफिकेट भी ले गया।

मुंबई जैसे शहर में जहाँ पर प्रॉपर्टी की कीमतें आसमान छू रही हैं, किसी अकेले सीनियर सिटीजन द्वारा संपत्ति रखना सुरक्षित नहीं लगता। एक रिपोर्ट के मुताबिक पिछले साल देश के कुछ प्रमुख शहरों में वरिष्ठ नागरिकों द्वारा अपनी जीवन भर की गाढ़ी कमाई से जुटाई गई संपत्ति को उनके करीबियों द्वारा हड़पे जाने के तकरीबन 6000 मामले दर्ज किए गए। इससे पूर्व मुझे 'मेरे अपने' नामक एक फिल्म का गीत याद आ गया, जिसके बोल उन तमाम लोगों पर फिट बैठते हैं, जो यह सोचते हुए जीवन में अकेले चलने का फैसला करते हैं कि दुनिया की तमाम खुशियाँ खरीदने के लिए पैसा ही पर्याप्त है। यह गाना है—'कोई होता जिसको अपना हम कह लेते यारो। पास नहीं तो दूर ही होता, लेकिन कोई मेरा अपना।'

यदि आपके पास ऐसा कोई है, जो आपका अपना है तो आपकी आमदनियाँ व बचत गलत हाथों में नहीं जातीं। अकेले रहनेवाले व्यक्तियों को अपनी वसीयत तभी बनानी चाहिए, जब उनका चित्त स्थिर हो। यदि आप एक अमीर व्यक्ति हैं तो आपको अपनी संपदाओं को इस तरह सिक्योर करने की जरूरत है, ताकि ये गलत हाथों में न जा सकें।

फंडा यह है कि परिवार के लिए खून के रिश्तों का होना जरूरी नहीं है। कोई ऐसा व्यक्ति भी आपके परिवार का हिस्सा बन सकता है, जो तब आपका हाथ थामे, जब आपको सहारे की बेहद जरूरत हो।

□

सहानुभूति तलाशने से आपका आत्मसम्मान ही कम होगा

पहली स्टोरी

9 जून, 2004 की सुबह रुचिका राजेंद्र दहिकर ने अपने पति को काम पर रवाना किया। हर दिन जब उसके पति काम पर जाते, तो वह भगवान से प्रार्थना करती कि वह शाम को वापस सुरक्षित घर लौट आएँ। ऐसा इसलिए, क्योंकि उसके पति रोज नागपुर में स्थित अपने घर से 75 किलोमीटर दूर कोंडा कोसरा नामक जगह पर बैंक ऑफ इंडिया में अपने रुटीन के कामकाज के लिए प्राइवेट टैक्सी से जाते थे, जो लंबी दूरी की सवारियों से ठसाठस भरी रहती।

उस दिन 12 मुसाफिरों से लदी यह मिनी टेंपो नागपुर से कुछ किलोमीटर दूर सामने से आ रहे एक ट्रक से टकरा गई। इस दुर्घटना में छह लोग मारे गए और छह व्यक्ति गंभीर रूप से घायल हुए।

मृतकों व घायलों को तुरंत एक अन्य वाहन से वापस नागपुर के एक अस्पताल पहुँचाया गया, जहाँ घायलों का उपचार शुरू हो गया, जबकि शवों को लापरवाह ढंग से मुर्दाघर में पटक दिया गया। तब तक इस दुर्घटना की खबर जंगल में आग की तरह चारों ओर फैल चुकी थी और मृतकों व घायलों के बदहवास परिजनों व रिश्तेदारों का अस्पताल में आना शुरू हो चुका था।

पुलिस राजेंद्र की पत्नी रुचिका और उसके साले को मुर्दाघर की ओर ले गई। राजेंद्र का शरीर अन्य लाशों के नीचे दबा पड़ा था और सिर्फ उनकी उँगलियाँ नजर आ रही थीं। अचानक राजेंद्र के रिश्तेदारों को उनकी उँगलियों में कुछ हरकत नजर आई।

यह देखते ही उन्होंने तुरंत ऊपर पड़ी बाकी लाशों को हटाया और राजेंद्र को स्ट्रेचर पर लिटाकर ऑपरेशन थिएटर की ओर भागे। इसके लिए उनकी पुलिस के साथ थोड़ी तकरार भी हुई। राजेंद्र का तुरंत ऑपरेशन किया गया और उनके चेहरे से कम-से-कम 250 काँच के टुकड़े निकाले गए। 105 दिनों में उसकी तकरीबन 15 सर्जरियाँ हुईं। आखिरकार राजेंद्र वापस अपने पैरों पर खड़े हो गए और नागपुर में अपना कामकाज उसी तरह शुरू कर दिया, मानो उनके साथ कभी कुछ हुआ ही न हो।

दूसरी स्टोरी

22 मार्च, 2003 को नागपुर के ही संजय राघाताते को भी महाराष्ट्र के भंडारा के निकट ऐसी ही नियति का शिकार होना पड़ा। गाड़ी में सवार तीन लोगों में से एक की दुर्घटनास्थल पर ही मौत हो गई, जबकि संजय का दायाँ हाथ, दायाँ पैर व निचला जबड़ा बुरी तरह क्षतिग्रस्त हो गया। सिर में दाईं आँख के ऊपरी हिस्से में भी गंभीर चोट आईं। संजय अपने दोनों पैर हिला नहीं सकते थे, क्योंकि पैरों की हरकत के लिए जिम्मेदार सियाटिक नर्व टूट गई थी।

उन्हें तीन महीने तक बिस्तर पर रहना पड़ा। इस दौरान उनके कई ऑपरेशन हुए और प्लास्टिक सर्जरी भी की गई। दुर्घटना की वजह से उनकी दाईं आँख की रोशनी चली गई और चेहरे में बाईं ओर किसी तरह का कोई अहसास नहीं है। आज उनका पूरा चेहरा टाइटेनियम प्लेट्स से कवर कर दिया गया है और उनके शरीर में तकरीबन 150 स्क्रू कसे हैं। उन्हें ठीक होने में डेढ़ साल का वक्त लगा। वह नागपुर में ऑक्सफोर्ड स्पीकर्स अकादमी नामक एक प्रशिक्षण संस्था चलाते हैं, जहाँ प्रोफेशनल्स को बॉडी लैंग्वेज, कम्युनिकेशन स्किल समेत अनेक तरह की सॉफ्टकल्स का प्रशिक्षण दिया जाता है। इसकी लाइफटाइम फीस 6,000 रुपए है, यानी आप यहाँ एक बार

रजिस्ट्रेशन करवाकर दो महीने का कोर्स करते हैं और भविष्य में जरूरत पड़ने पर कभी भी आकर रिफ्रेशर कोर्स भी कर सकते हैं।

तीसरी स्टोरी

दैनिक भास्कर के डॉ. भारत अग्रवाल मई 2005 में श्रीलंका में एक सड़क दुर्घटना का शिकार हो गए। कार में बैठे एक अन्य व्यक्ति की दुर्घटनास्थल पर ही मौत हो गई, जबकि डॉ. अग्रवाल गंभीर रूप से घायल हो गए। मगर आज देश के इस सबसे बड़े मीडिया समूह के एक डायरेक्टर हैं और उनके पास पीछे मुड़कर देखने की तनिक भी फुरसत नहीं है।

फंडा यह है कि यदि आपकी किस्मत में जीना लिखा है, तो कैसी भी घातक दुर्घटना आपकी जिंदगी नहीं छीन सकती। मगर यदि आप दुर्घटना के बाद दमदार तरीके से अपनी जिंदगी व कारोबार में वापसी करते हैं तो दूसरों की नजर में आपकी इज्जत और भी बढ़ जाएगी। खुद के लिए सहानुभूति तलाशने से महज आपका आत्मसम्मान ही कम होगा और लोग आपको 'बेचारा' समझेंगे।

□

घर से बाहर ही रखें कारोबारी समस्याएँ

कृष्णन रोज की तरह अपने औजारों को लेकर काम पर निकला। वह प्लंबर कांट्रेक्टर था और पुणे के फार्म हाउस या बड़ी हाउसिंग सोसाइटी में ठेके पर काम करता था। उस दिन घर से निकलने के कुछ ही देर बाद उसकी वैन का टायर पंक्चर हो गया, जिसे ठीक करने में दो घंटे जाया हुए। इस तरह वह मिसेज बोर्कर के फार्म हाउस पर कुछ विलंब से ही पहुँचा। वहाँ उसने बड़े पाइप के लीकेज को सुधारने का काम शुरू ही किया था कि उसकी ड्रिलिंग मशीन जवाब दे गई। मशीन का ड्रिल स्क्रू बदलने का खर्च हजार रुपए आया। खैर, किसी तरह उसने काम निपटाया। अब जब वह घर लौटने के लिए तैयार था तो उसकी वैन ही स्टार्ट नहीं हो रही थी। उसे समझ में नहीं आ रहा था कि वह क्या करे?

उसकी परेशानी देख मिसेज बोर्कर ने उसे लिफ्ट की पेशकश की। इस पर कृष्णन ने उनका धन्यवाद करते हुए कहा कि वह रविवार को अपना समय परिवार को देता है, अतः सोमवार को मेकैनिक लाकर वैन वापस ले जाएगा। उसकी बात सुनकर मिसेज बोर्कर को ताज्जुब हुआ कि एक प्लंबर भी संडे अपने परिवार के लिए सुरक्षित रखता है। हालाँकि वह कुछ बोलीं नहीं। घर पहुँचने के रास्ते में दोनों में से कोई एक शब्द नहीं बोला, बल्कि कृष्णन का चेहरा तो पत्थर की तरह सपाट था। अंततः मिसेज बोर्कर कृष्णन

के घर पहुँचीं, जो एक पुराना मकान था। उस मकान को पुरातत्त्व विभाग ने संरक्षित घोषित कर रखा था, यानी कृष्णन बगैर इजाजत के उसकी मरम्मत तक नहीं करा सकता था।

मिसेज बोर्कर की कार रुकने पर कृष्णन ने उनसे शिष्टाचारवश भीतर चलने और एक कप चाय पीकर जाने का आग्रह किया। वे मुख्य द्वार से होकर घर के दरवाजे की तरफ बढ़ रहे थे कि अचानक कृष्णन एक पेड़ के पास रुका। उसने एक टहनी को दोनों हाथों से छुआ और कुछ बुदबुदाया। दरवाजा कृष्णन की पत्नी ने खोला, जिसके साथ उनके बच्चे खड़े थे। मिसेज बोर्कर ने देखा कि जोश और उमंग से भरपूर कृष्णन ने आगे बढ़कर बच्चों को गले लगाया और पत्नी के हाथों को हाथ में ले मिसेज बोर्कर से परिचय कराया। यह पहले वाला दु:खी कृष्णन तो कतई नहीं था। चाय पीने के बाद मिसेज बोर्कर अपने घर के लिए निकलीं तो कृष्णन भी साथ हो लिया। वह अपने मेकैनिक के पास जा रहा था, जिसका घर मिसेज बोर्कर के रास्ते में ही पड़ता था। एक बार फिर कृष्णन ने पेड़ की टहनियाँ छुईं और फिर बुदबुदाया। यह देखकर मिसेज बोर्कर अपने को रोक नहीं सकीं और कृष्णन से इस व्यवहार का कारण जानना चाहा। मिसेज बोर्कर के प्रश्न पर कृष्णन ने बताया कि वह समस्याओं का पेड़ है। मैं जब भी काम से लौटता हूँ तो अपनी समस्याएँ उस पर टाँग देता हूँ। इसके साथ ही ईश्वर से प्रार्थना करता हूँ कि उन्हें कम करने में मेरी मदद करें। इस तरह काम से जुड़ी परेशानियाँ घर तक नहीं आने पातीं और मैं हँसी-खुशी अपना समय परिवार के साथ बिताता हूँ। अगले दिन जब मैं फिर काम पर जाता हूँ तो पेड़ पर से सारी समस्याएँ ले लेता हूँ, जिनका वजन कुछ कम लगता है। ऐसा नहीं कि ईश्वर वास्तव में मेरी कुछ समस्याएँ हल कर देते हैं। इसकी वजह यह है कि मैं रात को कुछेक समस्याएँ भूल जाता हूँ। मैं भला अपनी समस्याओं को परिवार पर कैसे हावी होने दूँ? उनके साथ अच्छा समय बिताने में समस्याओं का पेड़ मेरी मदद करता है।

फंडा यह है कि घर में दाखिल होने से पहले अपनी सारी समस्याएँ बाहर ही छोड़कर आएँ। घर कामकाज से जुड़ी बातों पर चर्चा के लिए नहीं होता है। घर प्यार और हँसने-मुसकराने के लिए होता है। इस लिहाज से आप सभी को खुशहाल रविवार मुबारक हो।

□

महत्त्वपूर्ण यह है कि आप किस वक्त अपने माता-पिता के काम आते हैं

स्टोरी-1

अन्य बच्चों के समान वह भी नाचते-कूदते हुए खेलती थी। सात साल पहले 10 साल की सोनाली गुप्ता छत से गिर गई थी। उसका जीवन व्हीलचेयर तक सीमित हो गया था। यह एक भयानक दुर्घटना थी। उसकी इस हालत को देखकर परिवार के लोग परेशान थे। लेकिन खुश भी थे कि वह उनके साथ तो है।

13 जून, 2006 के एक्सीडेंट के बाद से माता-पिता उसके भविष्य को लेकर चिंतित थे। जयपुर के सवाई मानसिंह अस्पताल के डॉक्टरों ने जोखिम के कारण उसकी रीढ़ की हड्डी का ऑपरेशन करने से इनकार कर दिया था। इसकी बजाय वहाँ प्लेट लगा दी गई थी। लेकिन इस वजह से वह चल-फिर नहीं पाती थी। सोनाली चल नहीं पाने की वजह से हताश थी।

इस दुर्घटना को उसने चुनौती के रूप में लिया और अपने सपनों को साकार करने में जुट गई। वह व्हील चेयर पर थी और उसकी परछाईं हर जगह उसके साथ थी। लेकिन उसके दिमाग में जोनाथान सांटों के शब्द गूँजते थे कि 'कभी भी परछाइयों से भयभीत नहीं होना चाहिए। इसका मतलब है कि कहीं पर प्रकाश चमक रहा है।'

स्कूल में तीन घंटे की पढ़ाई के बाद वह रविवार और अवकाश के दिनों में पाँच से छह घंटे पढ़ाई करती थी। सोनाली शतरंज भी खेलती थी। वह स्कूल में शतरंज की चैंपियन थी। लेकिन इंटर-स्कूल और इंटर-स्टेट स्कूल टूर्नामेंट में भाग नहीं ले सकती थी। क्योंकि टूर्नामेंट में शामिल होने के लिए उसे सड़क से यात्रा करनी पड़ती, जो कि उसके लिए संभव नहीं था। वह स्कूल भी ऑटो रिक्शा से आती-जाती थी। उसकी व्हीलचेयर स्कूल के बाहर हमेशा खड़ी रहती थी। सोनाली को कभी भी दोस्तों के सहयोग का अभाव नहीं रहा। लेकिन वह आने-जाने के लिए कभी भी किसी पर निर्भर नहीं रही। सोनाली अपने माता-पिता की अकेली संतान है। उसकी माँ किरण गुप्ता स्कूल में टीचर हैं। पिता आलोक गुप्ता जयपुर से 400 किलोमीटर दूर हनुमानगढ़ शहर के पोस्ट ऑफिस में सहायक हैं।

सीबीएसई 12वीं का रिजल्ट आने पर उसके माता-पिता को गर्व का अहसास हुआ। 17 साल की सोनाली ने ऑल इंडिया लेवल पर स्पेशल कैटेगरी के स्टूडेंट में कॉमर्स में 96.6 प्रतिशत मॉर्क्स के साथ टॉप किया। शारीरिक अक्षमता को उसने अपनी पढ़ाई में बाधा नहीं बनने दिया। यह एक तरीका था अपने माता-पिता के कर्ज को चुकाने का। नई दिल्ली के श्रीराम कॉलेज में हर साल 100 प्रतिशत पर ही एडमिशन होते हैं। उसका सपना वहाँ से कॉमर्स की डिग्री लेने के बाद एक अच्छे कॉलेज से एमबीए करने का है।

स्टोरी-2

वे एक प्रतिष्ठित आईएएस अफसर थीं। गुजरात की पहली महिला आईएएस अफसर जिन्हें कर्नाटक कैडर मिला था। राज्य सरकार ने 1986 बैच की गौरी त्रिवेदी का जब भी तबादला किया स्थानीय लोगों ने इसका विरोध किया। लोगों ने उनके समर्थन में सड़क पर प्रदर्शन किए। उनकी माँ गीता बेन ऐसे समय फोन करती थीं जब गौरी व्यस्त होने के बावजूद उनका फोन सुन सकें। जब वह अपने कॅरियर के शिखर पर थीं और उन्होंने लोकप्रियता हासिल कर ली थी, तब उन्होंने नौकरी छोड़ दी। गुजरात में घर के अंदर गिरने से उनकी माँ की कूल्हे की हड्डी टूट गई थी।

उन्हें लंबे समय तक बिस्तर पर रहना पड़ा। उन्हें स्वस्थ होने में बहुत

अधिक समय लग रहा था। इस कारण गौरी ने नौकरी छोड़ने का निर्णय लिया, क्योंकि वे नहीं चाहती थीं कि काम से अनुपस्थिति की वजह से जनता को परेशानी उठानी पड़े। वे वर्तमान में सरदार पटेल लोकप्रशासन संस्थान अहमदाबाद में सिविल सर्विस की तैयारी कर रहे छात्रों को पढ़ाती हैं।

फंडा यह है कि आपको अपने माता-पिता का ऋण उसी तरह से चुकाना चाहिए, जैसा उन्होंने आपके लिए किया है। लेकिन सही वक्त पर ऐसा करने की कीमत है। यह महत्त्वपूर्ण नहीं है कि आप अपने पैरेंट्स की देखभाल करते हैं, बल्कि महत्त्वपूर्ण यह है कि आप उनका खयाल किस तरह रखते हैं।

□

कितनी भी ऊँचाई पर पहुँच जाएँ, पर अपनी जड़ों को न भूलें

सुबह के 5.10 बजे थे। प्रदीप कलानी गहरी नींद में था। तभी उसका मोबाइल घनघनाया। दूसरी तरफ से रोबीली आवाज गूँजी, 'कहाँ हो तुम ?' प्रदीप ने शांति से जवाब दिया, 'सर, अभी सो रहा हूँ।' फिर उतनी ही शांति से आगे जोड़ा, 'सर, 20 मिनट में मैं आपके होटल पहुँच जाऊँगा।'

प्रदीप की टैक्सियाँ चलती हैं। जिसने उसे फोन किया था, वह कोई यात्री था। उसने टैक्सी किराए पर ली थी। उसे सुबह उदयपुर से दिल्ली की फ्लाइट पकड़नी थी। इसके लिए 6.15 पर एयरपोर्ट पहुँचना था। जिस होटल में वह रुका था, वहाँ से एयरपोर्ट करीब 30 किलोमीटर की दूरी पर था। इस हिसाब से प्रदीप को किसी भी सूरत में 5.30 बजे तक होटल पहुँच जाना चाहिए था।

रविवार का दिन था, इसलिए ड्राइवर नहीं आया था। इसलिए प्रदीप को खुद ही टैक्सी ले जानी थी। चूँकि प्रदीप उस वक्त तक नींद में ही बोल रहा था, इसलिए उसका ग्राहक झल्ला गया। उसने फोन पर कहा, 'तुम लोगों को समय की कोई कीमत ही नहीं है। छोटे शहर के लोगों के साथ हमेशा यही दिक्कत रहती है। तुम मेरी फ्लाइट छुड़वा दोगे।' लेकिन यह सुनकर भी प्रदीप शांत रहा। बहुत नरमी से उसने अंग्रेजी में बोलते हुए अपने ग्राहक को

यकीन दिलाया कि वह उसे फ्लाइट के निर्धारित समय से पहले ही 6.05 पर एयरपोर्ट छोड़ देगा। इससे पहले ठीक 5.29 पर होटल पहुँच जाएगा। हम 5.30 बजे होटल छोड़ने के निर्धारित समय पर ही चेक-आउट कर देंगे।

ग्राहक अंग्रेजी में इस तरह के उत्तर की अपेक्षा नहीं कर रहा था। उसे यह तो पता था कि उदयपुर के टैक्सी ड्राइवर थोड़ी-बहुत अंग्रेजी बोल लेते हैं, क्योंकि वे अकसर विदेशी पर्यटकों के संपर्क में आते रहते हैं। लेकिन प्रदीप ने जिस तरह से बात की, वह आम ड्राइवर की भाषा नहीं थी। उसे सुनकर न सिर्फ उसका गुस्सा ठंडा हो गया, बल्कि वह सोचने पर मजबूर हो गया कि उसने कुछ ज्यादा ही सख्ती से बात कर दी।

जो भी हो, ठीक सुबह 5.20 पर प्रदीप टैक्सी लेकर होटल के पोर्च में था। लगभग 5.31 पर वह अपने ग्राहक के साथ एयरपोर्ट की तरफ रवाना हो चुका था। थोड़ी देर बाद उस ग्राहक ने प्रदीप से बातचीत शुरू कर दी। पूछा, 'इतनी अच्छी अंग्रेजी कैसे सीखी?' प्रदीप ने अपनी कहानी बताना शुरू किया, 'सर, मैं एक गरीब परिवार से हूँ। हमने 1997 में छोटे स्तर पर यह बिजनेस शुरू किया। धीरे-धीरे उसे बढ़ाना शुरू किया। लेकिन ड्राइवरों की कमी से परेशानी आती है। इसलिए जब भी जरूरत पड़ती है, हम खुद ग्राहक की जरूरत पूरी करने के लिए ड्राइवर के तौर पर काम कर लेते हैं। आखिरकार बिजनेस में ग्राहक की जरूरत तो पूरी करनी ही है। रविवार को ड्राइवर को डिस्टर्ब करना भी ठीक नहीं। उनका भी तो परिवार है।'

ग्राहक ने बीच में टोका, 'यह तो बड़ी अच्छी बात है, लेकिन अब तक तुमने नहीं बताया कि आखिर अंग्रेजी तुम इतनी अच्छी कैसे बोल लेते हो?' प्रदीप ने जवाब दिया, 'सर, मैं महिंद्रा एंड महिंद्रा शोरूम में काम करता हूँ। कुछ महीने पहले ही मुझे न्यू कार डिवीजन में लगाया गया है। इसमें क्वांटो बेची जाती है। इसके चार मॉडल 7.5 लाख से शुरू होकर 9.21 लाख तक की कीमत के हैं। मैं कंपनी के वैरिटो मॉडल को बेचने में भी मदद करता हूँ। इसके तीन मॉडल हैं और रेंज 7.25 से 8.31 लाख तक। पिछले ढाई साल तक मैं यूज्ड कार डिवीजन में था। पुरानी गाड़ियों को खरीदने-बेचने का काम करता था। हमारे डिवीजन का नाम था फर्स्ट च्वॉइस। यही काम करते हुए

मैंने अंग्रेजी में पकड़ बना ली।' इसी बीच वे एयरपोर्ट पहुँच गए। उतरते समय उससे हाथ मिलाते हुए ग्राहक ने पूछा, 'तुम इस टैक्सी बिजनेस को छोड़ना क्यों नहीं चाहते?' प्रदीप ने शांति से जवाब दिया, 'सर, मैं अपनी जड़ों को कैसे भूल सकता हूँ। यह बिजनेस मेरे परिवार का बरसों से भरण-पोषण करता रहा है।' ग्राहक मुसकराया और हाथ हिलाते हुए डिपार्चर गेट की तरफ बढ़ गया।

फंडा यह है कि आप जिंदगी में कितनी भी ऊँचाई पर पहुँच जाएँ, लेकिन अपनी जड़ों को कभी न भूलें। इससे आप हमेशा जमीन से जुड़े रहेंगे। उदार रहेंगे। अपनी जमीन को जब तक याद रखेंगे, मानवीय बने रहेंगे।

□

आप 200 साल तक भी जी सकते हैं

जब भी वह अपने बड़ों के पैर छूता, उसे आशीर्वाद मिलता, '100 साल जियो।' यह 19वीं सदी की शुरुआत थी। देश में अनिश्चितता का माहौल था। ब्रिटिश राज अपना प्रभाव बढ़ा रहा था। उसके राजा टीपू सुल्तान भी ब्रितानियों के हाथों में मारे जा चुके थे। उस दौर में बड़े-बुजुर्गों द्वारा अपने से छोटों को इस तरह का आशीर्वाद देना आम बात थी। लेकिन जब भी उसे कोई ऐसा आशीर्वाद देता, वह अपने दादाजी से पूछता कि वह 200 साल क्यों नहीं जी सकता? वे धीरे से मुसकरा देते। उसका माथा चूमते और कहते 'तथास्तु'। यह कहानी है आर. गोविंदराजन की। 1910 में पैदा हुए। 1932 में जयालशम्मा से बेंगलुरु में शादी हुई। 1940 से पहले तक तीन बच्चे हो गए। 1950 तक परिवार में चार बच्चे और जुड़ गए। मतलब कुल सात। आज उनके परिवार में 17 पोते हैं। ज्यादातर की आँखों पर चश्मा चढ़ चुका है। गोविंदराजन की शादी की 25वीं सालगिरह पर जब उनके बच्चों ने चश्मा पहनना शुरू किया तो वे उन्हें बता रहे थे कि आँखों की रोशनी को बेतहर कैसे रखा जा सकता है। ऐसे कौन से तरीके हो सकते हैं कि आदमी को कभी चश्मा पहनने की जरूरत ही न पड़े। शादी की 50वीं सालगिरह पर उन्होंने ऐसी ही सलाह अपने पोतों को दी। उन्होंने बताया कि कैसे अपनी आँखों की रोशनी को हमेशा सही-सलामत रखा जा सकता है। अकसर ही वे इन सबको खाने-पीने की सही आदतों के बारे में बताते हैं। सूर्य नमस्कार जैसे कुछ व्यायाम करने को कहते हैं।

ऐसा नहीं है कि गोविंदराजन कभी टीवी नहीं देखते। अपना फैवरेट स्पोर्ट चैनल तो वे अकसर ही देखते हैं, लेकिन एक निश्चित दूरी से। दुनिया में कहीं भी फुटबॉल मैच हो वे उसे देखना कभी नहीं भूलते। भले ही वह तड़के तीन बजे ही क्यों न प्रसारित हो रहा हो। आईपीएल से लेकर क्रिकेट के दूसरे मैच भी नहीं छोड़ते। जयालशम्मा तो यहाँ तक कहती हैं कि उनकी 81 साल की सफल शादीशुदा जिंदगी का राज ही यही है कि उन्होंने कभी उनके पति को मैच देखने से नहीं रोका। फिर चाहे वह दिन हो या रात। 2010 में इनकी शादी की 78वीं सालगिरह थी। उस समारोह में मौजूद लोगों को गोविंदराजन ने चुनौती दी कि अगर किसी की आँखों की रोशनी उनके जैसी दमदार हो तो बताए। यह सुनकर नौजवान तक शरमा गए थे। इसी समय उन्होंने ऐलान किया कि भगवान ने उन्हें चूँकि इतनी अच्छी आँखों की रोशनी दी है, सो वे मृत्यु के बाद अपनी आँखें दान करेंगे। उस समय गोविंद की उम्र थी 100 साल। शादी के 78 साल बीत चुके थे और पत्नी 90 साल की थीं। इतने सालों में शायद ही कोई दिन ऐसा गया हो जब गोविंदराजन ने अखबार न पढ़ा हो या टीवी न देखी हो, वह भी बिना चश्मे के। आज 103 साल के हो चुके हैं गोविंदराजन। अभी पिछले रविवार को ही कर्नाटक के विधानसभा चुनाव के दौरान अपना वोट डालकर आए हैं। तीन दिन बाद ही बुधवार को अपनी आँखें दान करने के लिए खुद को रजिस्टर कराने वाले राज्य के शायद सबसे बुजुर्ग व्यक्ति बन चुके हैं। इसके जरिए उन्होंने बताया है कि मौत आपकी जिंदगी का फुलस्टॉप नहीं हो सकती। उनकी आँखें किसी दूसरे के शरीर में 100 साल और जिंदा रहने वाली हैं। उनके परिवार के सभी 26 सदस्यों ने भी शरीर के किसी-न-किसी अंग को दान करने के लिए रजिस्टर कराया है सिवाय एक पड़पोते के, जो अभी तीन साल से भी छोटा है।

फंडा यह है कि हममें से हर कोई 200 साल तक जिंदा रह सकता है। हमारे शरीर का कोई अंग किसी को बेहतर जीवन जीने का मौका देता है तो कितनी अच्छी बात है!

□

कोई भी जिंदगी में अकारण नहीं आता

एक नन्हा बालक ईश्वर से मिलना चाहता था। वह जानता था कि उसकी यह यात्री लंबी होगी। इस कारण उसने अपने बैग में चिप्स के पैकेट और पानी की बोतलें रखीं और यात्रा पर निकल पड़ा। वह अपने घर से कुछ ही दूर पहुँचा होगा कि उसकी नजर एक बुजुर्ग सज्जन पर पड़ी, जो पार्क में कबूतरों के एक झुंड को देख रहे थे। वह बालक भी उनके पास जाकर बैठ गया। कुछ देर बाद उसने पानी की बोतल निकालने के लिए अपना बैग खोला। उसे लगा कि वह बुजुर्ग सज्जन भी भूखे हैं, लिहाजा उसने उन्हें कुछ चिप्स दिए। उन्होंने चिप्स लेते हुए बालक की तरफ मुसकराकर देखा।

बालक को बुजुर्ग की मुसकराहट बेहद भली लगी। वह उसके दीदार एक बार फिर करना चाहता था, सो उसने उन्हें पानी की बोतल भी पेश की। बुजुर्ग सज्जन ने पानी लेते हुए फिर मुसकराकर उसकी तरफ देखा। बालक यह देखकर बेहद खुश हुआ। इसके बाद पूरी दोपहर वे साथ-साथ बैठे रहे। बालक उन्हें समय-समय पर पानी और चिप्स देता रहता। बदले में उसे उनकी भोली मुसकराहट मिलती रही। अब तक शाम होने को आई थी। बालक को भी थकान लगने लगी थी। उसने सोचा कि अब घर चलना चाहिए। वह उठा और घर की ओर चलने लगा। कुछ कदम चलने के बाद वह ठिठका और पलटकर दौड़ते हुए वृद्ध के पास आया। उसने वृद्ध को अपनी बाँहों में भरा। बदले में वृद्ध शख्स ने होंठों पर और भी बड़ी मुसकराहट लाते हुए उसका आभार प्रकट किया।

कुछ देर बाद वह बालक अपने घर पर था। दरवाजा उसकी माँ ने खोला और उसके होंठों पर खेलती मुसकराहट देख पूछ बैठीं, ''आज तुमने ऐसा क्या किया जो तुम इतने खुश हो?'' बालक ने जवाब दिया, ''आज मैंने ईश्वर के साथ लंच किया।'' इसके पहले कि माँ कुछ और पूछती, वह फिर बोला, ''तुम्हें मालूम है माँ? उनके जैसी मुसकराहट मैंने आज तक नहीं देखी।'' उधर बुजुर्ग सज्जन भी वापस अपने घर पहुँचे, जहाँ दरवाजा उनके बेटे ने खोला। बेटा अपने पिता के चेहरे पर शांति और संतुष्टि के भाव देख पूछा बैठा, ''आज आपने ऐसा क्या किया है, जो आप इतने खुश लग रहे हैं।'' इस पर उन्होंने जवाब दिया, ''मैंने पार्क में ईश्वर के साथ चिप्स खाए।'' इसके पहले कि बेटा कुछ और कहता, वह आगे बोले, ''तुम्हें मालूम है? मेरी अपेक्षा के अनुरूप ईश्वर कहीं छोटी उम्र के हैं।''

इस किस्से का निष्कर्ष यह निकलता है कि मुसकराने में अपने पल्ले से कुछ भी खर्च नहीं होता है। इसके उलट जिसकी तरफ मुसकराकर देखा जाता है, वह इससे और समृद्ध ही महसूस करता है। मुसकराहट खरीदी नहीं जा सकती है, उधार नहीं माँगी जा सकती है और इसे चोरी नहीं किया जा सकता है। इसका तब तक कोई मूल्य नहीं है जब तक कि किसी को मुसकराकर देखा नहीं जाए। इसके बावजूद कुछ लोग मुसकराने में थकान का अनुभव करते हैं। वे इसमें कंजूसी बरतते हैं। मुसकराने के महत्त्व को समझते हुए मुसकराएँ। किसी को इससे ज्यादा और क्या चाहिए कि कोई उसे देखकर मुसकराए। किसी की तरफ मुसकराकर देखने से हमारा कुछ घटता नहीं है, बल्कि संतुष्टि और प्रसन्नता ही अनुभव होती है।

फंडा यह है कि हम अकसर मुसकराने, विनम्र शब्दों का प्रयोग करने और स्पर्श की ताकत को कम करके आँकते हैं। वास्तव में यह भाव दुनिया बदल सकते हैं। लोग हमारे जीवन में किसी-न-किसी कारण से आते हैं। कुछ लोग थोड़ी देर के लिए आते हैं। तो कुछ जीवनपर्यंत साथ देने के लिए। हमें जीवन में आने वाले इन सभी लोगों का बराबर से स्वागत करना चाहिए।

□□□